정보처리산업기사
실기 기본서

★

2권·문제집

"이" 한 권으로 합격의 "기적"을 경험하세요!

차례

PART 07

모의고사

01 총 6개의 튜플을 갖는 EMPLOYEE 테이블에서 DEPT_ID 필드의 값은 "D1"이 2개, "D2"가 3개, "D3"가 1개로 구성되어 있다. 다음 SQL문의 실행 결과 튜플 수를 쓰시오.

```
SELECT DISTINCT DEPT_ID FROM EMPLOYEE;
```

▶ 답안기입란

02 클라우드 컴퓨팅 기술 중, 블록체인의 기본 인프라를 추상화하여 블록체인 응용 기술을 제공하는 서비스는 무엇인지 〈보기〉에서 찾아 쓰시오.

〈보기〉

SaaS, PaaS, BaaS, IaaS

▶ 답안기입란

03 명령어 수행의 기계 사이클 중 아래 빈칸에 해당하는 용어를 〈보기〉에서 찾아 쓰시오.

(　　) Instruction : 명령어를 분석하여 작업 수행에 필요한 장치에 제어신호를 보낸다.

〈보기〉

Fetch, Decode, Operand, Execute, Interrupt

▶ 답안기입란

04 다음의 성적 테이블에서 학생별 점수 평균을 구하기 위한 SQL문을 작성하시오.

〈성적〉

성명	과목	점수
홍길동	국어	80
홍길동	영어	68
홍길동	수학	97
강감찬	국어	58
강감찬	영어	97
강감찬	수학	65

▶ 답안기입란

05 아래 성적 테이블에서 과목별 점수의 평균을 구하기 위한 SQL문을 작성하시오.

〈성적〉

성명	과목	점수
홍길동	국어	80
홍길동	영어	68
홍길동	수학	97
강감찬	국어	58
강감찬	영어	97
강감찬	수학	65

▶ 답안기입란

06 아래 C언어로 작성된 프로그램의 실행 결과를 쓰시오.

```c
int main( ) {
    int data[5] = {10, 6, 7, 9, 3};
    int temp;
    for (int i = 0; i < 4; i++) {
        for (int j = i + 1; j < 5; j++) {
            if (data[i] > data[j]) {
                temp = data[i];
                data[i] = data[j];
                data[j] = temp;
            }
        }
    }
    for(int i = 0; i < 5; i++) {
        printf("%d ", data[i]);
    }
}
```

▶ 답안기입란

07 아래의 빈칸에 해당하는 용어를 쓰시오.

- 프로세스의 처리 시간보다 페이지 교체에 소요되는 시간이 더 많아지는 현상이다. 프로세스 수행 과정 중 자주 페이지 부재가 발생함으로써 나타나는 현상으로 전체 시스템의 성능이 저하된다.
- 다중 프로그래밍의 정도가 더욱 커지면 (   )(이)가 나타나면서 CPU의 이용률은 급격히 감소하게 된다.
- (   ) 현상을 방지하는 방법은 아래와 같다.
  - 다중 프로그래밍의 정도를 적정 수준으로 유지
  - 페이지 부재 빈도를 조절하여 사용
  - 워킹 셋을 유지
  - 부족한 자원을 증설하고, 일부 프로세스를 중단
  - CPU 성능에 대한 자료의 지속적 관리 및 분석으로 임계치를 예상하여 운영

▶ 답안기입란

08 아래의 코드에 어떤 오류가 발생했는지 쓰시오.

ABCD를 ABCF로 기록한 경우

▶ **답안기입란**

09 아래 C언어로 작성된 프로그램의 결과로 '4'가 출력되기 위해서는 ㄱ~ㅁ 중 어느 곳에 어떤 코드를 입력해야 하는지 쓰시오.

```c
int main( ) {
    int a=3, k=1;
    switch(a) {
    case 3:
        k++;
        (  ㄱ  );
    case 6:
        k+=3;
        (  ㄴ  );
    case 9:
        k--;
        (  ㄷ  );
    case 10:
        k*=2;
        (  ㄹ  );
    default:
        k=0;
        (  ㅁ  );
    }
    printf("%d", k);
}
```

▶ **답안기입란**

- 위치 :
- 코드 :

10 아래 C언어로 작성된 프로그램의 실행 결과를 쓰시오.

```c
int main( ) {
    int a=2, d=6, total=a, n=2;
    for(int i=0; i<5; i++) {
        total+=a+(n-1)*d;
        n++;
    }
    printf("%d", total);
}
```

▶ 답안기입란

11 통신 프로토콜의 기본 구성 요소 3가지를 쓰시오.

▶ 답안기입란

12 스키마의 논리적 구조 중, 아래 빈칸에 해당하는 용어를 쓰시오.

- (ㄱ) 스키마 : 프로그래머나 사용자의 입장에서 본 데이터베이스의 모습을 나타낸 것이다.
- (ㄴ) 스키마 : 모든 응용 프로그램과 사용자들이 필요로 하는 데이터베이스 전체를 정의한 것이다.
- (ㄷ) 스키마 : 물리적인 저장 장치의 입장에서 본 데이터베이스의 모습을 나타낸 것이다.

▶ 답안기입란

- ㄱ :
- ㄴ :
- ㄷ :

13 초심자(Novice)와 숙련자(Export)를 사용성 테스트에 참여시킨 후 대상 제품의 태스크 수행시간을 비교하여 문제점을 객관적으로 제시하는 사용성 테스트 기법은 무엇인지 영문 약어로 쓰시오.

▶ 답안기입란

14 사용자가 데이터 및 명령을 입력한 시점부터 트랜잭션 처리 후 결과의 출력이 완료할 때까지 걸리는 시간을 나타내는 성능 측정 지표는 무엇인지 쓰시오.

▶ 답안기입란

15 테스트의 원칙 중, 특정 위치에서 많은 결함이 발생된다는 법칙을 무엇이라 하는지 쓰시오.

▶ 답안기입란

16 메뉴나 아이콘 등의 그래픽 요소를 통해 시스템과 상호작용하는 사용자 인터페이스는 무엇인지 영문 약어로 쓰시오.

▶ 답안기입란

17 다이어그램의 종류 중, 구조적 다이어그램이 아닌 것은 무엇인지 골라 번호를 쓰시오.

① 클래스(Class) 다이어그램
② 시퀀스(Sequence) 다이어그램
③ 컴포넌트(Component) 다이어그램
④ 배치(Deployment) 다이어그램
⑤ 복합체(Composite) 구조 다이어그램
⑥ 패키지(Package) 다이어그램

▶ 답안기입란

18 아래 JAVA언어로 작성된 프로그램의 실행 결과를 쓰시오.

```java
class Person {
    void study( ) {
      System.out.println("인생공부");
    }
}
class Student extends Person {
    void study( ) {
      System.out.println("학교공부");
    }
}
public class Main {
    public static void main(String[ ] args) {
        Student a = new Student( );
        Person b = new Student( );
        Person c = new Person( );
        a.study( );
        b.study( );
        c.study( );
    }
}
```

▶ 답안기입란

19 아래 Python언어로 작성된 프로그램의 실행 결과를 쓰시오.

```
list_a = [273, 32, 100, "korea", 50, [10, True, 30]]
print(list_a[3][3])
```

▶ 답안기입란

20 테스트 시나리오에 대해 약술하시오.

▶ 답안기입란

모의고사 02회

01 프로세스의 상태 전이 과정 중, 실행 상태의 프로세스가 입출력에 의한 작업을 위해 대기 상태로 변하는 과정을 무엇이라 하는지 영문으로 쓰시오.

▶ 답안기입란

02 아래 운영체제의 고려사항에 대한 설명 중 가장 거리가 먼 것을 골라 기호를 쓰시오.

ㄱ. 소프트웨어가 요구사항에 따라 운영되는 능력
ㄴ. 대규모, 대용량 데이터에 대한 처리 능력
ㄷ. 소프트웨어의 용량과 무선 인터페이스 적용 여부
ㄹ. 시스템에 설치 가능한 주변 기기의 정보
ㅁ. 라이선스 비용 및 유지관리 비용

▶ 답안기입란

03 동일한 테스트 케이스를 반복 실행하면 더 이상 새로운 결함을 발견할 수 없으므로 주기적으로 테스트 케이스를 개선하여 테스트를 진행해야 한다는 테스트의 원칙은 무엇인지 쓰시오.

▶ 답안기입란

04 아래 성적 테이블에서 성명에 '길'이 포함되는 학생의 성명과 점수를 출력하는 SQL문을 작성하시오.

〈성적〉

성명	과목	점수
홍길동	국어	80
홍길동	영어	68
홍길동	수학	97
강감찬	국어	58
강감찬	영어	97
강감찬	수학	65

▶ 답안기입란

05 OSI 7 계층의 상위 계층 3가지를 쓰시오.

▶ 답안기입란

06 학적 테이블에서 전화번호가 Null값이 아닌 학생명을 모두 검색하기 위한 SQL문을 작성하시오.

▶ 답안기입란

07 데이터베이스 시스템의 종류 중, 아래에서 설명하는 용어를 영문 약어로 쓰시오.

- 데이터를 종속적인 상하 관계로 계층(Tree)화하여 관리하는 형태의 데이터베이스 구조이다.
- 데이터 접근 속도가 빠르지만, 데이터 구조 변화에 유연하게 대응하기 어렵다.
- 속성들의 관계를 묶어 레코드로 표현하고, 레코드들의 관계를 링크로 표현한다.
- 모든 링크 관계는 1:다 관계이며, 다:다 관계를 직접 표현할 수 없다.

▶ 답안기입란

08 테스트 오라클의 종류에 대한 설명이다. 빈칸에 들어갈 용어를 쓰시오.

① 참(True) 오라클 : 모든 테스트 케이스의 입력값에 대해 기대 결과를 제공하는 오라클로, 발생되는 모든 오류를 검출할 수 있다.
② (   ) 오라클 : 특정한 몇몇 테스트 케이스의 입력값들에 대해서만 기대 결과를 제공하는 오라클이다.
③ 추정(Heuristic) 오라클 : 특정 테스트 케이스의 입력값에 대한 기대 결과를 제공하고, 나머지 입력값들에 대해서는 추정으로 처리하는 오라클이다.
④ 일관성 검사(Consistent) 오라클 : 애플리케이션의 변경이 있을 때, 테스트 케이스의 수행 전과 후의 결과 값이 동일한지를 확인하는 오라클이다.

▶ 답안기입란

09 아래는 C언어로 작성된 점수를 입력받아 등급을 출력하는 프로그램이다. 프로그램이 정상 작동하도록 빈칸에 알맞은 코드를 쓰시오.

```c
int main( ) {
    int score = 85;
    switch(  빈칸  ) {
    case 9:
        printf("A+"); break;
    case 8:
        printf("B+"); break;
    case 7:
        printf("C+"); break;
    case 6:
        printf("D+"); break;
    default:
        printf("F"); break;
    }
}
```

▶ **답안기입란**

10 아래는 C언어로 작성된 윤년을 계산하는 프로그램이다. 프로그램이 정상 작동하도록 빈칸에 알맞은 코드를 쓰시오. (윤년은 4의 배수이면서 100의 배수가 아닌 년도와 400의 배수인 년도이다.)

```c
int main( ) {
    int year;
    printf("년도를 입력하세요 : ");
    scanf("%d",&year);
    if(((  ㄱ  ) && (  ㄴ  )) || (year % 400 == 0))
        printf("%d년은 윤년입니다.\n",year);
    else
        printf("%d년은 윤년이 아닙니다.\n",year);
}
```

▶ **답안기입란**

• ㄱ :
• ㄴ :

11 아래 C언어로 작성된 프로그램의 실행 결과를 쓰시오.

```c
int main( ) {
    int score[5] = {70, 80, 75, 60, 90};
    int up80=0, m=0;
    for(int i=0; i<5; i++) {
        if(score[i]>80) up80++;
        if(m<score[i])
            m = score[i];
    }
    printf("%d, %d", up80, m);
}
```

▶ 답안기입란

12 로직이 이해하기 어렵고 복잡하게 작성된 코드를 무엇이라 하는지 쓰시오.

▶ 답안기입란

13 행위(Behavioral) 다이어그램 중, 객체들이 주고받는 메시지뿐 아니라 연관 관계까지 표현할 수 있는 다이어그램은 무엇인지 쓰시오.

▶ 답안기입란

14 UI를 설계 시 고려사항 중, 기능 구조를 단순화하여 쉽게 조작하고 누구나 명확히 이해할 수 있도록 폰트, 색상, 용어 선택에 일관성이 있도록 하는 개념을 무엇이라고 하는지 쓰시오.

▶ 답안기입란

15 아래 Python언어로 작성된 프로그램의 실행 결과를 쓰시오.

```
list_a = [273, 32, 100, "korea", 50, [10, True, 30]]
print(list_a[5][:2])
```

▶ **답안기입란**

16 아래 JAVA언어로 작성된 프로그램의 실행 결과를 쓰시오.

```
class Person {
    void study( ) {
      System.out.println("인생공부");
    }
}
class Student extends Person {
    void study(String sub) {
      System.out.print(sub + "공부/");
    }
}
public class Main {
    public static void main(String[ ] args) {
        Student a = new Student( );
        a.study("수학");
        a.study( );
    }
}
```

▶ **답안기입란**

17 다음 설명에 해당하는 용어를 쓰시오.

> - CPU 내에서 발생 및 사용되는 데이터를 일시적으로 저장하는 저장장치이다.
> - 가격대비 용량이 가장 작고 기억장치 중 속도가 가장 빠르다.
> - 플립플롭(Flip-Flop)과 래치(Latch)로 구성된다.

▶ **답안기입란**

18 정규화 과정 중 제5정규형에 대해 간략히 서술하시오.

▶ **답안기입란**

19 다음이 설명하는 트래픽 제어 관련 용어를 쓰시오.

> - 노드 간에 패킷을 기억할 수 있는 버퍼나 디스크의 용량이 넘쳐 패킷을 전송할 수 없는 상태이다.
> - 흐름 제어가 실패하면 체증이 유발되고 패킷의 흐름이 정지되는 상태이다.

▶ **답안기입란**

20 아래 디자인 패턴에 대한 설명 중 빈칸에 알맞은 용어를 쓰시오.

- 이 분야의 사인방(GoF, Gang of Four)으로 불리는 에리히 감마(Erich Gamma), 리처드 헬름(Richard Helm), 랄프 존슨(Ralph Johnson), 존 블리시데스(John Vlissides)가 공동 집필한 책에서 제안한 디자인 패턴이다.
- 23가지의 디자인 패턴을 정리하고 각각의 디자인 패턴을 5가지의 (ㄱ) 패턴, 7가지의 (ㄴ) 패턴, 11가지의 (ㄷ) 패턴으로 구분한다.

▶ **답안기입란**

- ㄱ :
- ㄴ :
- ㄷ :

01 아래 내용이 설명하는 용어를 쓰시오.

- 프로세스 내에서의 작업 단위로서, 시스템의 여러 자원을 할당받아 실행하는 프로그램 단위이다.
- 동일 프로세스 환경에서 서로 독립적인 다중 수행이 가능하다.
- 하드웨어, 운영체제의 성능과 응용 프로그램의 처리율을 향상시킬 수 있다.
- 응용 프로그램의 응답 시간을 단축시킬 수 있다.
- 실행 환경을 공유시켜 기억장소의 낭비가 줄어든다.

▶ 답안기입란

02 정규화에 대해 약술하시오.

▶ 답안기입란

03 IPv4의 주소 부족 문제 해결 방안 중 하나로, 기존의 IPv4의 클래스 체계를 무시하고 네트워크 주소와 호스트 주소를 임의로 구분하여 사용하는 방식에 대한 용어를 쓰시오.

▶ 답안기입란

04 다음이 설명하는 용어를 쓰시오.

> • 기업의 소프트웨어 인프라인 정보 시스템을 공유와 재사용이 가능한 서비스 단위나 컴포넌트 중심으로 구축하는 정보기술 아키텍처이다.
> • 정보를 누구나 이용 가능한 서비스로 간주하고 연동과 통합을 전제로 아키텍처를 구축해 나간다.

▶ **답안기입란**

05 아래 〈보기〉에 나타나 있는 디자인 패턴 중 나머지와 다른 하나를 골라 쓰시오.

〈보기〉

Abstract Factory, Prototype, Adapter, Singleton, Builder

▶ **답안기입란**

06 테스트 케이스에 대해 약술하시오.

▶ **답안기입란**

07 아래 C언어로 작성된 프로그램의 실행 결과를 쓰시오.

```c
int main( ) {
    int score[5] = {17, 15, 24, 18, 27};
    int cnt=0;
    for(int i=0; i<5; i++) {
        if(score[i]%2 + score[i]%3 == 0) cnt++;
    }
    printf("%d", cnt);
}
```

▶ 답안기입란

08 다음은 관계형 데이터베이스 관리 시스템에 대한 설명이다. 빈칸에 알맞은 용어를 쓰시오.

- ( ) 형태의 데이터 모델로, 가장 보편화된 데이터베이스 관리 시스템이다.
- ( )(을)를 이용하여 데이터 상호 간의 관계를 표현한다.
- 변화하는 업무나 데이터 구조에 대한 유연성이 좋아 유지 관리가 용이하다.
- 종합적이고 단순한 데이터 구조이며 가장 뛰어난 논리적 구조를 지원한다.

▶ 답안기입란

09 TCP/IP의 전송 계층에 해당하는 프로토콜 2가지를 쓰시오.

▶ 답안기입란

10 운영체제와 해당 운영체제에서 실행되는 응용 프로그램 사이에서 운영체제가 제공하는 서비스 이외에 추가적인 서비스를 제공하는 소프트웨어가 무엇인지 쓰시오.

▶ **답안기입란**

---

11 CPU의 제어장치와 연산장치에 대해 약술하시오.

▶ **답안기입란**

- 제어장치 :
- 연산장치 :

---

12 아래 C언어로 작성된 프로그램은 입력한 두 수 사이의 자연수 합계를 출력하고 있다. 빈칸에 알맞은 코드를 쓰시오. (두 수를 포함하여 합계를 내고, 음수 및 중복 수는 입력하지 않는다.)

```c
int main( ) {
    int a, b, max, min, sum=0;
    scanf("%d %d", &a, &b);
    if(a>b) {
        max=b; min=a;
    } else {
        max=a; min=b;
    }
    for(int n=(  ㄱ  ); n<=(  ㄴ  ); n++)
        sum += n;
    printf("%d", sum);
}
```

▶ **답안기입란**

- ㄱ :
- ㄴ :

13 아래 C언어로 작성된 프로그램은 2단부터 5단까지의 구구단을 출력한다. 빈칸에 알맞은 코드를 쓰시오.

```c
int main( ) {
    for (int i = 2; i <= (  ㄱ  ); i++) {
        for (int j = 1; j <= (  ㄴ  ); j++) {
            printf("%d × %d = %d\n", i, j, i*j);
        }
        printf("\n");
    }
    return 0;
}
```

▶ 답안기입란

14 아래 JAVA언어로 작성된 프로그램은 에러가 발생한다. 그 이유를 간략히 쓰시오.

```java
class Student {
    void study( ) {
        System.out.println("공부");
    }
}
class Friend extends Student {
    void play( ) {
        System.out.println("놀자");
    }
}
public class Main {
    public static void main(String[ ] args) {
        Student a = new Student( );
        a.play( );
    }
}
```

▶ 답안기입란

15 프로그램을 실행하지 않고 코딩 표준, 코딩 스타일, 코드 복잡도 및 기타 결함 등을 발견하기 위해 사용되는 테스트 자동화 도구는 무엇인지 쓰시오.

▶ **답안기입란**

16 소프트웨어 품질 목표 항목 중, 사용자의 기능 변경의 필요성을 만족하기 위하여 소프트웨어를 진화시키는 것이 가능한 정도를 무엇이라 하는지 쓰시오.

▶ **답안기입란**

17 웹 페이지 요소 중, 하나의 버튼으로 두 상태를 번갈아가며 선택할 수 있는 요소는 무엇인지 쓰시오.

▶ **답안기입란**

18 아래 Python언어로 작성된 프로그램의 실행 결과를 쓰시오.

```
list_a = [273, 32, 100, "korea", 50, [10, True, 30]]
print(list_a[3][::-1])
```

▶ **답안기입란**

19 사용성 테스트 기법의 종류 중, 각 속성들의 중요도에 따른 선호도를 예측하여 사용자의 니즈에 대응할 수 있는 평가 방법은 무엇인지 쓰시오.

▶ 답안기입란

20 다음이 의미하는 용어를 쓰시오.

- C언어를 기반으로 제작되었으며, 이식성이 우수하다.
- 하나 이상의 작업을 병행 처리할 수 있고, 둘 이상의 사용자가 동시에 시스템을 사용할 수 있다.
- 표준이 정해져 있고 제품의 공급 업체(Vendor)가 많으며 라이선스 비용이 저렴하다.
- 계층적 파일 시스템과 풍부한 네트워킹 기능이 존재한다.
- 쉘 명령어 프로그램과 사용자 위주의 시스템 명령어가 제공된다.

▶ 답안기입란

01 OSI 7 계층 중, 아래 설명이 의미하는 계층을 〈보기〉에서 찾아 쓰시오.

- 네트워크 종단 시스템(단말기) 간의 일관성 있고 투명한 데이터 전송이 제공될 수 있도록 지원하기 위한 계층이다.
- 신뢰성 있고 효율적인 데이터를 전송하기 위해 오류 검출과 복구, 흐름 제어를 수행한다.
- 송신, 수신 프로세스 간을 연결하며 전송 단위는 Segment이다.
- 대표적 프로토콜 : TCP, UDP

〈보기〉

Physical, Transport, Network, Session, Presentation

▶ **답안기입란**

02 아래에서 설명하는 UI 프로토타입의 종류를 쓰시오.

- 손으로 직접 스케치, 그림 등을 이용하여 작성하는 방법이다.
- 적은 자원으로 개발해야 하는 경우에 사용한다.
- 장점 : 비용 저렴, 회의 중 작성 가능, 즉시 변경, 고객의 기대감 감소
- 단점 : 실제 테스트 부적절, 상호 관계 표시 어려움, 공유 어려움

▶ **답안기입란**

03 아래 설명에 해당하는 정규형을 쓰시오.

> • 이행적 함수 종속(Transitive Dependency)을 제거한 릴레이션 스키마이다.
> • 결정자이자 종속자에 해당하는 속성을 기준으로 릴레이션을 분할한다.

▶ **답안기입란**

04 하나의 계층에 복잡하게 존재하는 클래스들을 기능 클래스와 구현 클래스로 분리하고, 두 클래스를 연결하는 디자인 패턴을 무엇이라 하는지 쓰시오.

▶ **답안기입란**

05 아래에서 설명하는 관계형 데이터베이스 관련 용어를 쓰시오.

> • 하나의 속성에 입력될 수 있는 값들의 집합이다.
> • 더 이상 분해될 수 없는 형태로 입력된다.

▶ **답안기입란**

06 아래에서 설명하는 빌드 자동화 도구는 무엇인지 쓰시오.

> • java 기반의 오픈 소스 자동화 도구이다.
> • 가장 많이 사용되는 빌드 자동화 도구이다.
> • 서블릿 컨테이너에서 실행되는 웹 서버 기반 도구이다.
> • Git과 같은 형상 관리 도구와 연동이 가능하다.

▶ **답안기입란**

07 판매실적 테이블에 대해 서울 지역의 지점명과 판매액을 출력하고자 한다. 판매액을 기준으로 내림차순을 하여 출력하기 위한 SQL문을 작성하시오.

〈판매실적〉

도시	지점명	판매액
서울	강남지점	330
서울	강북지점	168
광주	광주지점	197
서울	강서지점	158
서울	강동지점	197
대전	대전지점	165

▶ 답안기입란

08 미들웨어 중, 응용 프로그램의 프로시저를 사용해 원격 프로시저를 로컬 프로시저처럼 호출하는 방식의 미들웨어를 무엇이라 하는지 영문 약어로 쓰시오.

▶ 답안기입란

09 쿼리 최적화는 정형화된 규칙이 아닌 경험에 의한 최적화 규칙이 우선된다. 아래 빈칸에 해당하는 연산을 쓰시오.

- (ㄱ) 연산은 일찍 수행한다.
- (ㄴ) 연산은 가급적 일찍 수행한다.
- (ㄷ) 연산은 가급적 마지막에 수행한다.

▶ 답안기입란

- ㄱ :
- ㄴ :
- ㄷ :

10 특정 테이블을 삭제해야 할 때, 해당 테이블을 참조하는 테이블이 있다면 삭제를 취소하는 옵션을 쓰시오.

▶ 답안기입란

11 아래 C언어로 작성된 프로그램에서 3과 5의 공배수를 구하기 위해 빈칸에 알맞은 코드를 쓰시오. (두 빈칸의 코드 순서는 신경쓰지 마시오.)

```
int main( ) {
    int score[5] = {17, 15, 24, 18, 27};
    int cnt=0;
    for(int i=0; i<5; i++) {
        if(( ㄱ ) && ( ㄴ )) cnt++;
    }
    printf("%d", cnt);
}
```

▶ 답안기입란

• ㄱ :
• ㄴ :

12 아래 C언어로 작성된 프로그램의 실행 결과를 쓰시오.

```
int main( )
{
    char a, b;
    char *pa=&a, *pb=&b;
    int res = sizeof(a)+sizeof(b)==sizeof(pa)+sizeof(pb);
    printf("%d",res);
    return 0;
}
```

▶ 답안기입란

13 아래 JAVA언어로 작성된 프로그램의 실행 결과를 쓰시오.

```java
class Book {
    String title;
    String author;
    Book(String title) {
        this(title, "작자 미상");
    }
    Book(String title, String author) {
        this.title = title;
        this.author = author;
    }
}
public class Main {
    public static void main(String[ ] args) {
        Book a = new Book("별 헤는 밤", "윤동주");
        Book b = new Book("공무도하가");
        System.out.println(a.title + " : " + a.author);
        System.out.println(b.title + " : " + b.author);
    }
}
```

▶ 답안기입란

14 테스트 하네스의 구성 요소 중, 상위 모듈의 테스트를 위한 기능만 가지고 있는 시험용 하위 모듈은 무엇인지 쓰시오.

▶ 답안기입란

15 프로세스의 주요 상태 중, 프로세스의 대기 상태가 종료되어 다시 CPU의 할당을 기다리는 시점을 나타내는 상태를 영문으로 쓰시오.

▶ 답안기입란

16 실행 기반 테스트 중, 동적 테스트의 대표적인 기법 2가지를 쓰시오.

▶ 답안기입란

17 아래는 C언어로 작성된 입력받은 두 수를 나눠 몫과 나머지를 구하는 프로그램이다. 빈칸에 알맞은 코드를 쓰시오. (단, 두 값 중 앞의 값이 크고 음수를 입력하지 않는다.)

```
int main( ) {
    int a, b;
    scanf("%d %d", &a, &b);
    printf("%d 나누기 %d의 몫은 %d입니다.\n", a, b, (  ㄱ  ));
    printf("%d 나누기 %d의 나머지는 %d입니다.", a, b, (  ㄴ  ));
}
```

▶ 답안기입란

- ㄱ :
- ㄴ :

18 다음 빈칸에 해당하는 용어를 쓰시오.

- 주변 장치 간에 정보 교환을 위해 연결된 통신 회선을 의미한다.
- CPU 내부 요소 사이의 정보를 전송하는 내부 (   )(와)과 CPU와 주변 장치 사이의 정보를 전송하는 외부 (   )(이)가 있다.

▶ 답안기입란

19 아래에서 설명하는 사용성 테스트 기법은 무엇인지 쓰시오.

- 제품이나 서비스와 연관된 것을 사용해보고 태스크(Task)별 학습성, 효율성, 기억 용이성, 오류, 만족도 등에 대해 평가한다.
- 제품이나 서비스를 개발하는 단계에 맞춰 진행하며 평가 결과를 바탕으로 성능을 개선한다.
- 평가 완료 후 결과물 : 학습성, 효율성, 기억 용이성, 오류, 만족도에 대한 평가

▶ 답안기입란

20 아래 Python언어로 작성된 프로그램의 실행 결과를 쓰시오.

```
a = {"철수": 40, "영희": 50}
a['길동'] = 70
a['철수'] = 60
print(a['철수']+a["영희"])
```

▶ 답안기입란

모의고사 05회

01 다음은 유닉스의 기본 구성에 대한 설명이다. 빈칸에 알맞은 용어를 쓰시오.

- 커널(Kernel) : 유닉스의 핵심 요소로, 핵심 시스템을 관리하고 서비스를 제공한다.
- (   ) : 사용자 명령의 입력을 받아 시스템 기능을 수행하는 명령 해석기이다.
- 유틸리티(Utility) : 문서 편집, 데이터베이스 관리, 언어 번역, 네트워크 기능 등을 제공한다.

▶ 답안기입란

02 학생 테이블에 대한 조회 권한을 부여하는 SQL문을 작성하시오. (조회 권한을 부여하는 대상은 'U1'이며, 권한을 부여받은 대상은 다른 대상에게 같은 권한을 부여할 수 있다.)

▶ 답안기입란

03 순수 관계 연산자 중, 하나의 릴레이션에서 조건에 맞는 튜플을 분리하는 Select 연산의 기호를 쓰시오.

▶ 답안기입란

04 아래의 SQL 문장에서 틀린 부분을 찾아 올바르게 고쳐 쓰시오. (문장 전체가 아닌 틀린 부분만 명확히 판단이 되면 정답으로 인정)

```
SELECT player_name, height FROM player
WHERE team_id = 'Korea' AND height BETWEEN 170 OR 180;
```

▶ 답안기입란

05 연산자의 5가지 기능을 쓰시오.

▶ 답안기입란

06 OSI 7 계층 중, 응용 계층에 해당하는 프로토콜을 3가지 쓰시오.

▶ 답안기입란

07 프로세스 스케줄링 방식 중, 비선점형 방식에 해당하는 것을 〈보기〉에서 골라 기호를 쓰시오.

〈보기〉

ⓐ FIFO ⓑ SJF ⓒ RR ⓓ HRN ⓔ SRT ⓕ MFQ

▶ 답안기입란

08 아래 C언어로 작성된 프로그램의 실행 결과를 쓰시오.

```c
int main( ) {
    int data[5] = {10, 6, 7, 9, 3};
    int temp;
    for (int i = 0; i < 4; i++) {
        for (int j = i + 1; j < 5; j++) {
            if (data[i] < data[j]) {
                temp = data[i];
                data[i] = data[j];
                data[j] = temp;
            }
        }
    }
    for(int i = 0; i < 5; i++) {
        printf("%d ", data[i]);
    }
}
```

▶ 답안기입란

09 아래에서 설명하는 관계형 데이터베이스 관련 용어를 쓰시오.

• 개체 정보의 특성을 나타내며 파일 시스템에서 필드에 해당된다.
• 데이터베이스를 구성하는 가장 작은 단위이다.

▶ 답안기입란

10 검토 회의 전에 미리 준비된 자료를 배포하여 사전 검토를 진행하고, 검토 회의를 빠르게 진행하여 오류를 조기에 발견하는 테스트 기법은 무엇인지 쓰시오.

▶ 답안기입란

11 디지털 UI 프로토타입의 장점과 단점을 약술하시오.

▶ 답안기입란

· 장점 :
· 단점 :

12 아래는 C언어로 작성된 두 수를 입력받아서 차이값을 출력하는 프로그램이다. 입력되는 수에서 어떤 수가 클지 모르는 상황에서 차이값이 음수가 나오지 않도록 빈칸에 알맞은 코드를 쓰시오. (단, 두 수는 같은 값을 입력하지 않는다.)

```c
int main( ) {
    int a, b;
    scanf("%d %d", &a, &b);
    if(   빈칸   )
        printf("%d, %d의 차이값은 %d입니다.", a, b, a-b);
    else
        printf("%d, %d의 차이값은 %d입니다.", a, b, b-a);
}
```

▶ 답안기입란

13 결함(Defect)의 원인이 되는 요소를 쓰시오.

▶ 답안기입란

14 아래 C언어로 작성된 프로그램의 실행 결과를 쓰시오.

```c
int main( ) {
    int a=10, b=15;
    printf("%d", ++a/5 << b/2-1*2);
}
```

▶ 답안기입란

15 사용자의 요구에 따라 변화하는 동적인 콘텐츠를 처리하기 위해 사용되는 미들웨어를 영문 풀네임으로 쓰시오.

▶ 답안기입란

16 아래 JAVA언어로 구현된 클래스는 내부 변수의 직접적인 접근을 막고 특정 메소드를 통해 값을 할당받아 출력해주고 있다. 이와 관련된 객체지향 프로그래밍 기술을 영어로 쓰시오.

```java
class Student{
    private String name;
    private int age;

    public void setName (String name) { this.name = name; }
    public void setAge (int age) { this.name = name; }
    public String getName( ) { return name; }
    public int getAge( ) { return age; }
}
```

▶ 답안기입란

17 아래 Python언어로 작성된 프로그램의 실행 결과를 쓰시오.

```python
a = ['A', 'b', 'C']
a.pop(0)
a.append('B')
a.insert(0, 'G')
a.remove('B')
print(a)
```

▶ 답안기입란

18 사용성 테스트에 대해 약술하시오.

▶ 답안기입란

19 문제의 처리를 담당하는 여러 개의 처리 기능을 두고 순서대로 처리해 나가는 디자인 패턴은 무엇인지 영문으로 쓰시오.

▶ 답안기입란

20 다음이 의미하는 용어를 쓰시오.

- 네트워크 장비를 관리 감시하기 위한 목적으로 UDP상에 정의된 응용 계층 표준 프로토콜이다.
- 네트워크 관리자가 네트워크 성능을 관리하고 네트워크 문제점을 찾는다.

▶ 답안기입란

모의고사 06회

01 데이터 제어어(DCL)에 대해 간략히 설명하시오.

▶ 답안기입란

02 아래 두 테이블에 대한 곱집합(카티션 프로덕트)의 차수를 쓰시오.

R

회원번호	이름	과목
1	홍길동	영어
2	김경희	국어
3	안재홍	수학

×

S

성별	지역
남	서울
여	인천

▶ 답안기입란

03 아래 C언어로 작성된 프로그램의 실행 결과를 쓰시오.

```
int main( ) {
    int a = (21 / 4) * 3;
    int b = (a * a) / a;
    printf("%d%d", a, b);
}
```

▶ 답안기입란

04 아래에서 설명하는 관계형 데이터베이스 용어를 쓰시오.

- 하나 이상의 속성들의 집합으로 이루어진 표(Table)이다.
- 대표적인 특징으로 '속성의 유일성, 무순서, 원자성'과 '튜플의 유일성, 무순서' 등이 있다.

▶ 답안기입란

05 아래 C언어로 작성된 프로그램의 실행 결과를 쓰시오.

```c
int main( ) {
    int sw=-1, n=2;
    printf("1");
    for(int i=1; i<5; i++) {
        if(sw==1)
            printf("+");
        printf("%d", n++*sw);
        sw *= -1;
    }
}
```

▶ 답안기입란

06 아래에서 설명하는 용어를 쓰시오.

- 연산자 또는 연산 규칙을 사용하여 기술하는 절차식 언어이다.
- 주어진 관계로부터 원하는 데이터와 그 데이터를 유도하는 연산자이다.
- 릴레이션을 조작하여 특정 릴레이션을 만들어낸다.
- 일반 집합 연산과 순수 관계 연산자로 구분된다.

▶ 답안기입란

07 사용성 테스트 환경 구축 절차를 올바르게 나열하시오.

ㄱ. 테스트 참여자 확보
ㄴ. 테스트 목표 설정
ㄷ. 테스트 항목 정의
ㄹ. 테스트 인원 구성
ㅁ. 테스트 룸 설정
ㅂ. 테스트 환경 설정

▶ **답안기입란**

08 시간 기반 테스트의 설명을 보고 빈칸에 알맞은 용어를 쓰시오.

- (ㄱ) 테스트는 개발자의 입장에서 진행되며, 소프트웨어의 완성도를 테스트한다.
- (ㄴ) 테스트는 사용자의 입장에서 진행되며, 요구사항 구현도를 테스트한다.

▶ **답안기입란**

- ㄱ :
- ㄴ :

09 요구사항 도출 기법 중, 사용자의 요구사항을 기능 단위로 표현하는 기법을 쓰시오.

▶ **답안기입란**

10 결함으로 인해 소프트웨어 및 서비스가 기대 결과를 나타내지 못하는 것을 나타내는 용어를 쓰시오.

▶ **답안기입란**

11 아래는 C언어로 작성된 학점을 입력받아 등급을 출력하는 프로그램이다. 프로그램이 정상 작동하도록 빈칸에 알맞은 코드를 쓰시오.

```c
int main( ) {
    double score=3.7;
    int i = (  빈칸  );
    switch(i) {
    case 4:
        printf("A+"); break;
    case 3:
        printf("B+"); break;
    case 2:
        printf("C+"); break;
    case 1:
        printf("D+"); break;
    default:
        printf("F"); break;
    }
}
```

▶ **답안기입란**

12 코드 리팩토링(Refactoring)에 대해 약술하시오.

▶ 답안기입란

13 명령어 형식 중, 아래의 설명에 해당하는 용어를 쓰시오.

- Op-Code만 있고 Operand는 없는 명령어 형식으로, 주로 STACK 구조에서 사용된다.
- 스택에 자료를 입력하는 push와 스택에서 자료를 출력하는 pop 명령을 사용한다.

▶ 답안기입란

14 아래 JAVA언어로 구현된 캡슐화가 적용된 클래스이다. 클래스가 정상 작동되도록 빈칸에 알맞은 코드를 쓰시오.

```java
class Book {
  private String name;
  private String author;

  public void setName(String name) { (  ㄱ  ) }
  public void setAuthor(String author) { (  ㄴ  ) }
  public String getName( ) { return name; }
  public String getAuthor( ) { return author; }
}
```

▶ 답안기입란

- ㄱ :
- ㄴ :

15 아래 Python언어로 작성된 프로그램의 실행 결과를 쓰시오.

```
s = "Hello Python"
print(s[6:10], s[-2:])
```

▶ 답안기입란

16 아래 인터넷 프로토콜에 대한 설명에 해당하는 용어를 쓰시오.

- 인터넷 연결을 위한 여러 프로토콜을 통칭하는 것이다.
- 주요 서비스로는 HTTP, SMTP, FTP, Telnet, SSH 등이 있다.

▶ 답안기입란

17 교착상태가 발생하는 필요충분조건 4가지를 쓰시오.

▶ 답안기입란

18 프로그램의 효율적인 관리를 위해 프로그램을 기능 단위로 분해한 것을 무엇이라 하는지 쓰시오.

▶ 답안기입란

19 아래 설명에 해당하는 용어를 영문 약어로 쓰시오.

- 시스템, 콘텐츠, 서비스 등을 보다 편리하고 안전하게 사용할 수 있도록 연구하는 학문이다.
- 어떻게 하면 좋은 제품을 만들 수 있는지 연구한다.
- 시스템을 사용하는 데 있어 최적의 사용자 경험을 만드는 것이 최종 목표이다.

▶ 답안기입란

20 병행 제어 기법 중 로킹(Locking)에서 로크의 단위가 큰 경우에 해당하는 특징을 모두 고르시오.

- ㄱ. 로크의 개수가 적어져 병행 제어 기법이 단순해진다.
- ㄴ. 로크의 개수가 많아져 병행 제어 기법이 복잡해진다.
- ㄷ. 병행성(공유도) 수준이 낮아지고 오버헤드가 감소한다.
- ㄹ. 병행성(공유도) 수준이 높아지고 오버헤드가 증가한다.

▶ 답안기입란

01 IP의 헤더 구조에서, 요구되는 서비스의 품질을 설정하는 TOS(Type Of Service)가 있다. 보안 품질을 최대화 하기 위해서는 어떤 값을 지정해야 하는지 아래 〈보기〉에서 찾아쓰시오.

〈보기〉

0, 1, 2, 4, 8, 15

▶ 답안기입란

02 등록된 결함을 검토하여 적절한 후속 작업(할당, 보류, 해제)을 진행할 수 있도록 선택하는 결함 상태를 무엇이라 하는지 쓰시오.

▶ 답안기입란

03 정규화의 단계 중, 부분 함수 종속을 제어하는 단계는 무엇인지 쓰시오.

▶ 답안기입란

04 다음이 의미하는 용어를 쓰시오.

> • 코드의 기능 자체는 바뀌지 않은 상태에서 구조를 개선하는 것이다.
> • 완성된 코드의 구조를 좀 더 안정되게 설계하는 기술이다.
> • 소프트웨어의 디자인을 개선하여 가독성을 높인다.

▶ 답안기입란

05 아래에서 설명하는 관계형 데이터베이스 용어를 영문으로 쓰시오.

> • (ㄱ) : 릴레이션에서 정의된 속성의 개수이다.
> • (ㄴ) : 릴레이션에서 생성된 튜플의 개수이다.

▶ 답안기입란

• ㄱ :
• ㄴ :

06 데이터 정의어(DDL)에 대해 간략히 설명하시오.

▶ 답안기입란

07 학생 테이블의 학과 속성값을 오름차순 정렬하여 중복을 허용하지 않도록, '학생_인덱스'라는 이름으로 인덱스를 정의하는 SQL문을 작성하시오.

▶ 답안기입란

08 아래에서 설명하는 유스케이스 다이어그램의 관계는 무엇인지 쓰시오.

- 공통적으로 쓰이는 기능을 따로 떼어내어 새로운 유스케이스를 생성한 경우에 연결되는 관계이다.
- 원래의 유스케이스에서 새로운 유스케이스 방향으로 점선 화살표를 그리고 〈〈include〉〉를 표시한다.

▶ 답안기입란

09 아래 C언어로 작성된 프로그램에서 빈칸에 알맞은 코드를 적으시오.

```c
int main( ) {
    int data[5] = {10, 6, 7, 9, 3};
    int temp;
    for (int i = 0; i < 4; i++) {
        for (int j = i + 1; j < 5; j++) {
            if (data[i] > data[j]) {
                temp = data[i];
                (   빈칸   );
                data[j] = temp;
            }
        }
    }
    for(int i = 0; i < 5; i++) {
        printf("%d ", data[i]);
    }
}
```

▶ 답안기입란

10 시스템에 과도한 정보량이나 빈도 등을 부과하여 과부화 시에도 소프트웨어가 정상적으로 실행되는지를 확인하는 목적 기반 테스트는 무엇인지 쓰시오.

▶ 답안기입란

11 다음 그림에서 B 모듈의 제어도는 몇인지 쓰시오.

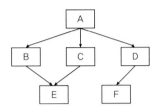

▶ 답안기입란

12 아래는 C언어로 작성된 두 수를 입력받아서 차이값을 출력하는 프로그램이다. 입력되는 수에서 어떤 수가 클지 모르는 상황에서 차이값이 음수가 나오지 않도록 빈칸에 알맞은 코드를 쓰시오. (단, 두 수는 같은 값을 입력하지 않는다.)

```c
int main( ) {
    int a, b, max, min;
    scanf("%d %d", &a, &b);
    if(   빈칸   ) {
        max=b; min=a;
    } else {
        max=a; min=b;
    }
    printf("%d, %d의 차이값은 %d입니다.", max, min, max-min);
}
```

▶ 답안기입란

13 컴퓨터 프로그램 등의 최신 기술을 개발하여 실제 상황에서 운용하기 전에 소규모로 시험 작동을 해보는 것으로, 시스템에서 발생할 수 있는 여러 가지 변인들을 사전에 파악하여 이후 진행될 사용성 테스트 계획서 수립에 반영하기 위한 활동을 무엇이라 하는지 쓰시오.

▶ 답안기입란

14 아래 C언어로 작성된 프로그램의 실행 결과를 쓰시오.

```c
int main( ) {
    int a=10, b=5;
    printf("%d, ", a / b * 2);
    printf("%d, ", ++a * 3);
    printf("%d, ", a>b && a != 5);
}
```

▶ 답안기입란

15 아래 JAVA언어로 작성된 프로그램의 실행 결과를 쓰시오.

```java
public class Main {
    public static int[ ] makeArray(int n) {
        int[ ] t = new int[n];
        for(int i = 0; i < n; i++) {
            t[i] = (i*7)%10;
        }
        return t;
    }
    public static void main(String[ ] atgs) {
        int[ ] a = makeArray(4);
        for(int i = 0; i < a.length; i++)
            System.out.print(a[i] + " ");
    }
}
```

▶ 답안기입란

16 아래 Python언어로 작성된 프로그램에서 self의 의미를 간략히 서술하시오.

```python
class ClassicCar:
    color = "빨간색"
    def test(self):
        color = "파란색"
        print("color = ", color)
        print("self.color = ", self.color)
father = ClassicCar( )
father.test( )
```

▶ 답안기입란

17 전자우편 서비스는 온라인으로 편지를 주고받을 수 있는 서비스이다. 전자우편 서비스에서 사용하는 프로토콜 중 메일 전송을 담당하는 프로토콜을 쓰시오.

▶ 답안기입란

18 아래 설명 중 빈칸에 들어갈 용어를 쓰시오.

- (   )(은)는 사용자가 시스템을 이용하면서 느끼게 되는 총체적인 경험을 의미한다.
- 기술을 효용성 측면이 아닌 사용자의 삶의 질을 향상시키는 방향으로 보는 새로운 개념이다.
- UI가 사용성과 접근성 등을 중시한다면, (   )(은)는 UI를 통해 사용자가 느끼게 될 만족감이나 감정을 중시한다.

▶ 답안기입란

19 교착상태의 해결 방안 중, 아래의 설명에 해당하는 방안을 쓰시오.

- 안정적 상태를 유지할 수 있는 프로세스의 요청만 받아들이는 방식이다.
- 대표적으로 은행원 알고리즘(Banker's Algorithm)이 있다.

▶ 답안기입란

20 주소 지정 방식 중, 아래의 설명에 해당하는 용어를 쓰시오.

- Operand에 실제 데이터의 위치값을 저장하는 방식이다.
- 메모리 참조 횟수가 1이다.
- 간단하지만 메모리 확장 및 변경에 어려움이 있다.

▶ 답안기입란

모의고사 08회

01 운영체제의 목표 중, 아래 빈칸에 들어갈 용어를 쓰시오.

- (ㄱ) : 일정 시간 내에 시스템이 처리하는 작업의 양을 의미한다.
- 반환 시간(Turnaround) : 시스템에 작업을 의뢰한 시간부터 처리가 완료될 때까지 걸린 시간을 의미한다.
- (ㄴ) : 시스템을 사용할 필요가 있을 때 즉시 사용 가능한 정도를 의미한다.
- 신뢰도(Reliability) : 시스템이 주어진 문제를 정확하게 해결하는지를 나타내는 척도이다.

▶ **답안기입란**

- ㄱ :
- ㄴ :

02 데이터 조작어(DML)에 대해 간략히 설명하시오.

▶ **답안기입란**

03 수강생 테이블의 학번, 성명, 과목 필드에 각각 '1234', '길동', '정보처리'의 값을 삽입하는 SQL 문장을 작성하시오.

▶ **답안기입란**

04 아래 C언어로 작성된 프로그램의 실행 결과를 쓰시오.

```c
int main( ) {
    int a=2, r=3, total=a, n=2;
    for(int i=0; i<3; i++) {
        a*=r;
        total+=a;
    }
    printf("%d", total);
}
```

▶ 답안기입란

05 아래 C언어로 작성된 프로그램의 실행 결과를 쓰시오.

```c
int main( )
{
    char a, b;
    char *pa=&a, *pb=&b;
    int res = sizeof(a)+sizeof(b)==sizeof(*pa)+sizeof(*pb);
    printf("%d",res);
    return 0;
}
```

▶ 답안기입란

06 아래 C언어로 작성된 프로그램은 배열 a의 요소 전체를 출력한다. 배열명(a)을 사용하지 않고 정상 작동되도록 빈칸을 채우시오.

```
int main( ) {
    int a[5]= {1, 2, 3, 4, 5};
    int *p=a;
    for(int i=0; i<5; i++)
        printf("%d ",(   빈칸   ));
    return 0;
}
```

▶ 답안기입란

07 아래 후보키(key)에 대한 설명 중, 빈칸에 알맞은 용어를 쓰시오. (순서 상관 없음)

- 릴레이션에 있는 모든 튜플에 대해 (ㄱ)(와)과 (ㄴ)(을)를 모두 만족시키는 속성이다.
- 학생 테이블이 있다면 주민번호, 학번, 연락처 속성이 후보키이다.

▶ 답안기입란

- ㄱ :
- ㄴ :

08 JAVA언어 대표 기술인 오버로딩에 대해 간략히 서술하시오.

▶ 답안기입란

09 아래의 함수 종속식에 해당하는 함수 종속은 무엇인지 쓰시오.

A → B, B → C, A → C

▶ **답안기입란**

10 Python언어에서 코드 각각의 지역을 구분할 때 중괄호 대신 사용하는 것을 쓰시오.

▶ **답안기입란**

11 테스트 하네스의 구성 요소 중, 상황에 따라 미리 정해진 행위를 수행하는 객체를 뜻하는 용어를 쓰시오.

▶ **답안기입란**

12 아래에서 설명하는 유스케이스 다이어그램의 관계는 무엇인지 쓰시오.

- 특정한 조건이 만족되는 경우에만 실행되는 유스케이스를 표현한 관계이다.
- 선택적 유스케이스에서 원래의 유스케이스 방향으로 점선 화살표를 그리고 《extend》를 표시한다.

▶ **답안기입란**

13 이웃하는 단말기를 P2P 방식으로 연결하는 형태로, 특정 방향의 단말기가 고장나도 다른 방향으로 전송이 가능하지만 전송 데이터의 기밀 보호가 어렵고 전송 지연이 발생할 가능성이 높은 네트워크 토폴로지는 무엇인지 〈보기〉에서 찾아 쓰시오.

〈보기〉

Bus, Star, Ring, Tree, Mesh

▶ 답안기입란

14 소프트웨어 아키텍처 패턴 중, 아래 설명에 해당하는 패턴이 무엇인지 쓰시오.

- 데이터 스트림을 생성하고 처리하는 시스템에서 사용된다.
- 서브 시스템이 입력 데이터를 받아 처리한 결과를 파이프를 통해 다음 서브 시스템으로 넘겨주는 과정을 반복한다.
- 버퍼링 또는 동기화 목적으로 사용된다.

▶ 답안기입란

15 교착상태의 해결 방안 4가지를 쓰시오.

▶ 답안기입란

16 정규화 과정 중 비정규형에 대해 간략히 서술하시오.

▶ 답안기입란

17 아래에서 설명하는 테스트 기법을 쓰시오.

- 모든 소스 코드의 논리적인 경로를 테스트 케이스로 설계하는 방법이다.
- 코드의 제어 구조 설계 절차에 초점을 맞춰 테스트 케이스를 설계하며, 주로 테스트 과정 초기에 적용된다.
- 소스 코드의 모든 문장을 한 번 이상 테스트 수행하여 선택, 반복 등의 분기점을 테스트한다.

▶ 답안기입란

18 블랙박스 테스트(Black Box Test)의 정의를 약술하시오.

▶ 답안기입란

19 전자우편에서 사용하지 않는 프로토콜을 아래 〈보기〉에서 찾아 쓰시오.

〈보기〉

SMTP, POP3, HTTP, IMAP, MIME

▶ 답안기입란

20 아래 내용이 설명하는 인터뷰 종류는 무엇인지 쓰시오.

- 타겟층으로 예상되는 소비자를 6~12명 정도 선정하여 한 장소에서 면접자의 진행 아래 조사 목적과 관련된 토론을 함으로써 자료를 수집하는 조사법이다.
- 특정 주제와 관련된 대상자들의 감정, 태도, 생각 등을 파악할 수 있다.
- 인터뷰 결과 사용자의 동기, 태도, 의견에 대한 심층적인 정보 등을 알 수 있다.

▶ 답안기입란

01 소프트웨어 재공학의 과정을 올바르게 나열하시오.

> ㄱ. 분석(Analysis)
> ㄴ. 역공학(Reverse Engineering)
> ㄷ. 이식(Migration)
> ㄹ. 재구성(Restructuring)

▶ 답안기입란

02 두 릴레이션 A, B에 대해 B 릴레이션의 모든 조건을 만족하는 튜플들을 릴레이션 A에서 분리해내어 프로젝션하는 관계대수 연산기호를 쓰시오.

▶ 답안기입란

03 MVC 패턴의 3가지 구성 요소를 쓰시오.

▶ 답안기입란

04 학생 테이블에서 3학년 학생의 학번과 성명, 연락처 속성을 이용하여 학번, 이름, 전화번호 속성으로 구성된 '3학년연락처' 뷰를 생성하시오.

▶ 답안기입란

05 아래 C언어로 작성된 프로그램은 2~100 사이의 소수(prime number)를 판별하여 출력한다. 빈칸에 알맞은 코드를 쓰시오.

```c
int main( )
{
    int num, i;
    for (num = 2; num <= 100; num++) {
        for (i = 2; i < num; i++) {
            if (num % i == 0) break;
        }
        if (  빈칸  ) printf("%d ", num);
    }
    printf("\n");
    return 0;
}
```

▶ 답안기입란

06 아래 C언어로 작성된 프로그램의 실행 결과를 쓰시오.

```c
int main( ) {
    int ar[2][3]= {1, 2, 3, 4, 5, 6};
    printf("%d", ar[1][1]);
    return 0;
}
```

▶ 답안기입란

07 아래 C언어로 작성된 프로그램의 실행 결과를 쓰시오.

```c
int main( ) {
    int ar[4][2]= {1, 2, 3, 4, 5, 6, 7, 8};
    int *p = ar;
    printf("%d", *(p+7));
    return 0;
}
```

▶ 답안기입란

08 아래 내용이 설명하는 용어를 쓰시오.

- IT 서비스관리시스템(IT-SMS)의 요구사항을 명확히 정의한 국제표준이다.
- 고객에게 제공하는 IT 서비스관리(ITSM)의 수준을 객관적으로 평가할 수 있다.
- 고객 요구사항을 신속하게 대응하고 만족하기 위한 서비스 중심의 프로세스를 제공한다.
- IT 조직 기능에 부합되는 견고하고 통합된 프로세스 프레임워크를 제공한다.

▶ 답안기입란

09 제4정규형에서 제거 가능한 종속의 종류는 무엇인지 쓰시오.

▶ 답안기입란

10 JAVA언어의 대표적인 기술인 오버라이딩에 대해 간략히 서술하시오.

▶ 답안기입란

11 키(key)의 종류 중, 기본키로 지정된 키를 제외한 후보키를 뜻하는 용어를 쓰시오.

▶ 답안기입란

12 유닉스의 기본 구성 요소 중, 핵심 시스템을 관리하고 서비스를 제공하는 핵심요소는 무엇인지 쓰시오.

▶ 답안기입란

13 아래 내용이 설명하는 용어를 영문으로 쓰시오.

- 업무를 수행하는 데 필요한 관련성 있는 데이터의 체계적인 집합이다.
- 데이터 중복성과 종속성 문제를 해결하고 데이터 무결성을 보장한다.
- 사용자 간 데이터 공유가 가능하고 다양한 인터페이스를 제공한다.
- 권한이 없는 사용자의 접근 통제가 가능하며 백업, 복원 기능을 제공한다.

▶ 답안기입란

14 Python에서 클래스의 생성자 메소드를 구현할 때 사용하는 식별자를 쓰시오.

▶ 답안기입란

15 인터넷에서 파일을 주고받을 수 있도록 하는 프로토콜이 무엇인지 영문 풀네임으로 쓰시오.

▶ 답안기입란

16 정규화의 목적을 간략히 쓰시오.

▶ 답안기입란

17 다음이 의미하는 용어를 쓰시오.

- 코딩이 완료된 직후 소프트웨어 설계의 최소 단위인 모듈이나 컴포넌트에 초점을 맞춰 테스트하는 것이다.
- 모듈의 기능 수행 여부를 판정하고 내부에 존재하는 논리적인 오류를 검출한다.
- 사용자의 요구사항을 기반으로 한 기능성 테스트를 최우선으로 수행한다.

▶ 답안기입란

18 입력 조건에 유효한 값과 무효한 값을 균등하게 하여 테스트 케이스를 설계하는 블랙박스 테스트 기법의 종류를 쓰시오.

▶ 답안기입란

---

19 구조적 분석 도구 중, 아래 설명에 해당하는 용어를 영문 약어로 쓰시오.

- 자료와 정보가 시스템의 구성 요소들 사이를 어떻게 흐르는지 그림으로 표현한 양식이다.
- 자료의 흐름을 명확히 파악할 수 있다.
- 작업 소요시간은 알 수 없다.

▶ 답안기입란

---

20 프로그램 개발에 관련된 모든 절차를 하나의 프로그램 안에서 처리하는 환경을 의미하며 코드 에디터, 컴파일러, 디버깅 도구 등을 하나로 묶어 대화식으로 수행되는 인터페이스 환경을 무엇이라 하는지 영문 약어로 쓰시오.

▶ 답안기입란

01 프로젝트번호(PNO) 1, 2, 3에서 일하는 사원의 주민등록번호(JUNO)를 검색하는 SQL문을 작성하시오. (단, 사원 테이블(WORKS)은 프로젝트번호(PNO), 주민등록번호(JUNO) 필드로 구성된다.)

▶ 답안기입란

02 테스트 오라클의 특징 3가지를 쓰시오.

▶ 답안기입란

03 원격지에 있는 컴퓨터에 권한을 가진 사용자가 접속하여 프로그램을 실행하거나 시스템 관리 작업을 할 수 있는 서비스인 telnet이 사용하는 포트 번호를 쓰시오.

▶ 답안기입란

04 아래에서 설명하는 소프트웨어 재공학 용어를 쓰시오.

- 소프트웨어를 분석하여 소프트웨어 개발 과정과 데이터 처리 과정에 대한 정보를 재발견하거나 다시 만들어 내는 작업이다.
- 프로그램으로부터 데이터, 아키텍처, 데이터 프로세스에 대한 분석 및 설계 정보를 추출한다.
- 외계인 코드를 분석하여 구성 요소와 그 관계를 파악하여 설계도를 추출한다.

▶ 답안기입란

05 소프트웨어 아키텍처 패턴 중, 서버와 클라이언트의 역할이 유동적으로 바뀔 수 있어서 서로에게 서비스를 요청하고 또 서비스할 수 있는 패턴은 무엇인지 쓰시오.

▶ 답안기입란

06 코드의 기능 자체는 바뀌지 않은 상태에서 구조를 개선하여 좀 더 안정된 코드 구조를 가지도록 하는 작업을 무엇이라 하는지 쓰시오.

▶ 답안기입란

07 아래 학생 테이블을 대상으로 하는 SQL문의 결과를 쓰시오. (필드명을 제외한 예상 출력 데이터만 기록)

〈학생〉

NO	NAME	KOR	ENG	MATH
1111	한진만	100	100	100
2222	고소현	100	NULL	100
3333	홍길동	NULL	0	100

〈SQL〉

```
SELECT SUM(MATH) FROM 학생 WHERE NAME < > '홍길동' ;
```

▶ 답안기입란

08 트랜잭션의 원자성(Atomicity)에 대해 약술하시오.

▶ 답안기입란

09 아래 C언어로 작성된 프로그램의 실행 결과를 쓰시오.

```c
int main( ) {
    int a=1, b=1, num;
    for(int i=0; i<6; i++) {
        num = a + b;
        a = b;
        b = num;
    }
    printf("%d", num);
}
```

▶ 답안기입란

10 구조적 분석 도구 중, 아래 설명에 해당하는 용어를 영문 약어로 쓰시오.

- 시스템과 관련된 모든 자료의 이름과 속성을 표기하고 조직화한 도구이다.
- 모든 자료는 규칙에 맞게 정리하여 명세한다.

▶ 답안기입란

11 아래 C언어로 작성된 프로그램은 2~100 사이의 소수(prime number)를 판별하여 출력한다. 빈칸에 알맞은 코드를 쓰시오.

```
int main( )
{
    int num, i;
    for (num = 2; num <= 100; num++) {
        for (i = 2; i <= num/2; i++) {
            if (   빈칸   ) break;
        }
        if (i > num/2) printf("%d ", num);
    }
    printf("\n");
    return 0;
}
```

▶ 답안기입란

12 아래 C언어로 작성된 프로그램의 실행 결과를 쓰시오.

```
int main( ) {
    int ar[4][2]= {1, 2, 3, 4};
    printf("%d", ar[3][1]);
    return 0;
}
```

▶ 답안기입란

13 데이터베이스의 무결성 제약사항 중, 기본키로 지정된 속성은 중복값과 Null값이 있어서는 안 된다는 성질에 해당하는 제약사항은 무엇인지 쓰시오.

▶ 답안기입란

14 아래 JAVA언어로 작성된 프로그램이 정상 작동되도록 빈칸에 적절한 코드를 쓰시오.

```java
class Person {
    String name;
    public Person(String name) {
        this.name = name;
    }
}
class Student extends Person {
    String dept;
    public Student(String name) {
        (   빈칸   );
    }
}
public class Main {
    public static void main(String[ ] args) {
        Student s = new Student("GilDong");
        System.out.print(s.name);
    }
}
```

▶ 답안기입란

15 데이터베이스 시스템의 정의 중, 검색의 효율성을 위해 불필요한 데이터를 제거하고 중복이 최소화된 데이터들의 집합을 의미하는 용어를 쓰시오.

▶ 답안기입란

16 리눅스 명령어 중, 파일의 권한 속성을 변경하는 명령어를 아래 〈보기〉에서 찾아 쓰시오.

〈보기〉

cat, fork, chmod, mount, who

▶ 답안기입란

17 ISO/IEC 20000 모델의 구성도에서 빈칸에 들어갈 알맞은 단어를 쓰시오.

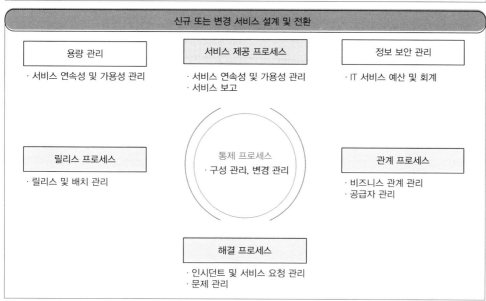

┌───┐
│ **서비스 관리 시스템 요구사항** │
├───┤
│ ·관리 책임 ·(ㄱ) ·SMS 수립 및 개선 ·(ㄴ) ·다른 이해관계자에 의해 운영되는 프로세스 거버넌스 │
└───┘

┌───┐
│ **신규 또는 변경 서비스 설계 및 전환** │
│   │
│   ┌──────────────┐   ┌──────────────────┐   ┌──────────────┐ │
│   │ 용량 관리   │   │ 서비스 제공 프로세스 │   │ 정보 보안 관리 │ │
│   └──────────────┘   └──────────────────┘   └──────────────┘ │
│   ·서비스 연속성 및 가용성 관리   ·서비스 연속성 및 가용성 관리   ·IT 서비스 예산 및 회계 │
│   ·서비스 보고   │
│   │
│   통제 프로세스   │
│   ┌──────────────┐   ·구성 관리, 변경 관리   ┌──────────────┐ │
│   │ 릴리스 프로세스 │   │ 관계 프로세스 │ │
│   └──────────────┘   └──────────────┘ │
│   ·릴리스 및 배치 관리   ·비즈니스 관계 관리 │
│   ·공급자 관리 │
│   │
│   ┌──────────────┐   │
│   │ 해결 프로세스 │   │
│   └──────────────┘   │
│   ·인시던트 및 서비스 요청 관리   │
│   ·문제 관리   │
└───┘

▶ **답안기입란**

┌───┐
│ • ㄱ :   │
│ • ㄴ :   │
└───┘

18 경계값 분석(Boundary Value Analysis)에 대해 약술하시오.

▶ 답안기입란

19 아래 Python언어로 작성된 프로그램은 사용자 입력값이 60에서 80 사이일 때 "정상 범위입니다."를 출력한다. 프로그램이 정상 작동하도록 빈칸에 알맞은 코드를 쓰시오. (단, and 및 or, range, in을 사용하면 오답 처리됨)

```
val = int(input( ))
if (   빈칸   ):
    print("정상 범위입니다.")
```

▶ 답안기입란

20 다음이 의미하는 용어를 쓰시오.

- 노드 간의 신뢰성 있는 데이터 전송을 보장하기 위한 계층이다.
- 전송 데이터에 대한 CRC 오류/흐름제어가 필요하다.
- 물리주소인 MAC 주소가 이 계층에 해당한다.
- 물리적인 연결이 이뤄지는 계층이며, 전송 단위는 Frame이다.

▶ 답안기입란

PART 08

기출문제

01 파일 전송 프로토콜(FTP)이 사용하는 포트의 번호는 무엇인지 쓰시오.

▶ 답안기입란

02 자료 구조 중, push와 pop 명령을 이용하여 가장 먼저 입력된 데이터가 가장 나중에 출력되는 후입선출 (LIFO) 구조를 가진 자료 구조를 영문으로 쓰시오.

▶ 답안기입란

03 문자로 구성된 Domain Name을 숫자로 구성된 IP Adress로 변환해주는 시스템을 영문 약어로 쓰시오.

▶ 답안기입란

04 아래에서 설명하는 것은 무엇인지 영문 약어로 쓰시오.

- 실제 데이터웨어하우스를 구축하지 않고서도 구축한 것과 같은 효과를 내는 가상 시스템이다.
- 적은 비용으로 빠른 시간 안에 다차원 데이터 분석이 가능하고, 데이터 추출 및 로딩 과정을 거치지 않아 구축 기간 및 노력을 크게 줄일 수 있다.
- 핵심 업무와 관련된 온라인 트랜잭션 처리(OLTP) 작업이 많을 경우에는 운영체계 시스템의 성능이 떨어 지거나 신뢰성 및 안정성에 문제가 발생할 수도 있다.

▶ 답안기입란

05 다중값 속성을 제거하여 속성이 원자값을 가지도록 정규화하는 정규형은 무엇인지 쓰시오.

▶ 답안기입란

06 아래 설명에 해당하는 용어를 〈보기〉에서 찾아 쓰시오.

- 관계형 데이터베이스에서 한 테이블의 속성 중 다른 테이블의 행을 식별할 수 있다.
- 관계형 데이터베이스에서 한 테이블의 속성 집합이 다른 테이블의 기본키가 되는 것이다.
- 테이블의 관계에서 참조 무결성을 보장하기 위해 사용된다.

〈보기〉

슈퍼키, 외래키, 기본키, 후보키, 대체키

▶ 답안기입란

07 OSI 7 Layer 중, 물리 계층을 통해 노드 간 송수신되는 정보의 오류와 흐름을 관리하여 정보 전달의 안전성을 높이는 계층은 무엇인지 쓰시오.

▶ 답안기입란

08 아래 테스트 기법에 대한 설명 중, 빈칸에 해당하는 용어를 쓰시오.

- (ㄱ) 테스트는 프로그램의 내부 로직(경로 구조, 루프 등)을 중심으로 테스트를 진행한다.
- (ㄴ) 테스트는 프로그램의 기능(요구사항 만족 여부, 결과값)을 중심으로 테스트를 진행한다.

▶ 답안기입란

09 아래 설명에 해당하는 용어를 영문 약어로 쓰시오.

- 일반적인 네트워크 방화벽과는 달리 웹 애플리케이션 보안에 특화되어 개발된 솔루션이다.
- SQL Injection, Cross-Site Scripting(XSS) 등과 같은 웹 공격을 탐지하고 차단하는 것이 기본 역할이다.
- 이 외에도 정보 유출 방지 솔루션, 부정 로그인 방지 솔루션, 웹 사이트 위변조 방지 솔루션 등으로 활용이 가능하다.

▶ 답안기입란

---

10 아래 사용자 인터페이스에 대한 설명 중, 빈칸에 해당하는 용어를 〈보기〉에서 찾아 쓰시오.

- (ㄱ) UI는 키보드를 통해 명령을 직접 입력하는 형태이다.
- (ㄴ) UI는 명령의 수행을 위해 해당 메뉴 및 그래픽 요소를 마우스로 조작하는 형태이다.
- (ㄷ) UI는 웹 브라우저를 통해 웹 페이지를 조작하는 형태이다.

〈보기〉

명령어(명령줄), 키보드, 음성, 그래픽, 웹(웹 기반), 멀티미디어, 생체신호

▶ 답안기입란

ㄱ :
ㄴ :
ㄷ :

---

11 아래 소프트웨어 테스트 절차를 올바르게 정렬하여 보기 번호로 나열하시오.

① : 테스트 분석
② : 테스트 계획
③ : 테스트 케이스(시나리오) 작성
④ : 테스트 결과 보고서 작성
⑤ : 테스트 수행

▶ 답안기입란

(   ) – (   ) – (   ) – (   ) – (   )

12 영업팀은 20대 3명, 30대 6명, 40대 11명으로 구성되어 있다. 영업팀 테이블에 아래의 〈SQL〉 문장을 적용했을 때, 결과로 나올 수 있는 튜플의 최소 개수와 최대 개수의 합을 쓰시오.

〈SQL〉

```
SELECT 이름 FROM 영업팀 WHERE 나이 BETWEEN 35 AND 49
```

▶ 답안기입란

13 아래는 같은 과목 시험을 5명 이상 응시한 학생들의 과목별 중간고사 점수의 평균을 구하는 〈SQL〉 문장이다. 빈칸에 해당하는 키워드를 쓰시오.

〈SQL〉

```
SELECT 과목, (  ㄱ  )(중간고사) AS 중간고사평균 FROM 학생
    GRUOP BY 과목 HAVING (  ㄴ  )(*) >= 5;
```

▶ 답안기입란

ㄱ :
ㄴ :

14 아래 Python 코드의 실행 결과를 쓰시오.

```
a = 10
b = "YoungJin"
print(type(a))
print(type(b))
```

▶ 답안기입란

15 아래 C 코드의 실행 결과를 쓰시오.

```c
int main(){
    int a=10, b=12;
    a ^= b;
    b ^= a;
    a ^= b;
    printf("%d %d", a, b);
    return 0;
}
```

▶ 답안기입란

16 아래 C 코드의 실행 결과를 쓰시오.

```c
int main(){
    int i, num=10, count=0;
    for(i=2; i<=num/2; i++){
        if(i%2 == 0)
            count++;
    }
    printf("%d", count);
    return 0;
}
```

▶ 답안기입란

17 아래 C 코드의 실행 결과를 쓰시오.

```c
int main(){
    int i, num=3, r=0;
    for(i=1; i<10; i=i+2){
        r += num*i;
    }
    printf("%d", r);
    return 0;
}
```

▶ 답안기입란

18 아래 C 코드의 실행 결과를 쓰시오.

```c
int main(){
    int i, num=30, even=0, odd=0;
    for(i=1; i<=num; i++){
        if(i%2==0)
            even++;
        else
            odd++;
    }
    printf("%d %d", even, odd);
    return 0;
}
```

▶ 답안기입란

19 아래 Java 코드의 실행 결과를 쓰시오.

```java
public class Main{
    public static void main(String[] args){
        int x=1, a=0, b=0;
        a = (x >= 0) ? x : -x;
        if(x >= 0)
            b = x;
        else
            b = -x;
        System.out.println(a+" "+b);
    }
}
```

▶ 답안기입란

20 아래 Java 코드의 실행 결과를 쓰시오.

```java
public class Main{
    public static void main(String[] args){
        int a=0, sum=0;
        while(true){
            if(sum>100) break;
            sum += ++a;
        }
        System.out.print(a+sum);
    }
}
```

▶ 답안기입란

01 원하는 정보가 무엇인지에 대해 정의하는 비절차적 언어로 수학의 술어 해석에 기반하며, 관계형 데이터베이스를 처리하는 기능과 능력면에서 관계 대수와 동일한 역할을 기대할 수 있는 것은 무엇인지 쓰시오.

▶ 답안기입란

02 암호화 알고리즘 중, 대칭키 알고리즘에 해당하는 것을 〈보기〉에서 모두 찾아 쓰시오.

〈보기〉

RSA, HASH, DSA, WEP, DH, ElGamal, DES

▶ 답안기입란

03 건축학과 학생들이 가입한 동아리와 같은 동아리에 가입되어 있는 영문학과 학생들의 이름, 학년, 성별을 조회하기 위한 SQL 코드에서 빈칸에 알맞은 코드를 쓰시오.

〈SQL〉

```
SELECT 이름, 학년, 성별 FROM 영문학과
    WHERE 동아리 [   빈칸   ](SELECT 동아리 FROM 건축학과);
```

▶ 답안기입란

04 〈학생〉 테이블에 아래 〈SQL〉을 수행할 경우 출력되는 결과값을 쓰시오. (컬럼명은 제외)

〈학생〉

학번	이름	과목	교수
3857	신치원	워드	김남규
9685	하그루	컴활	손은채
2502	이믿음	컴활	한세환
6285	정민정	컴활	황소리
6663	강미르	파이썬	정바람
4005	성한길	자바	성재신
8732	송햇살	C언어	유남순
3893	추지수	정보처리	제갈동빈

〈SQL〉

```
SELECT COUNT(학번) FROM 학생
    WHERE 과목 = '컴활' OR 과목 IN('파이썬', '컴활');
```

▶ 답안기입란

05 웹 서버와 사용자 사이에 웹 문서를 전송하기 위해 사용되는 프로토콜에 SSL 계층을 포함하여 보안이 강화되었고 443번 포트를 사용하는 프로토콜은 무엇인지 영문 약어로 쓰시오.

▶ 답안기입란

06 하위 클래스의 변경 사항이 상위 클래스에 영향을 미치지 않도록 구성해야 한다는 객체지향 설계 원칙은 무엇인지 〈보기〉에서 찾아 쓰시오.

〈보기〉

Interface Segregation, Liskov Substitution, Dependency Inversion, Open-Closed, Single Responsibility

▶ 답안기입란

07 아래 Java 코드에 적용된 객체지향 기술은 무엇인지 쓰시오. (캡슐화는 제외)

```java
class Person {
    private String name;
    private int age;

    public Person(String name, int age) {
        this.name = name;
        this.age = age;
    }

    public Person(String name) {
        this.name = name;
        this.age = 0;
    }

    public Person(int age) {
        this.name = "Unknown";
        this.age = age;
    }

    public Person() {
        this.name = "Unknown";
        this.age = 0;
    }
}

public class Main
{
    public static void main(String[] args) {
        Person person = new Person("Jane Doe");
    }
}
```

▶ 답안기입란

08 아래 C 코드를 수행하여 출력되는 결과 중 6번째 값은 무엇인지 쓰시오.

```c
#include <stdio.h>
int main() {
    int a=1, b=1, num;
    printf("%d %d ", a, b);
    for(int i=0; i<8; i++) {
        num = a + b;
        a = b;
        b = num;
        printf("%d ", num);
    }
}
```

▶ 답안기입란

09 IP 주소 195.47.52.0/24가 지정되었고 부서별 32개의 사용 가능한 IP 주소(호스트)가 필요하다고 했을 때, 총 몇 개의 서브넷으로 분할될 수 있는지 쓰시오. (단, ip-subnet zero를 적용한다.)

▶ 답안기입란

10 애플리케이션 테스트 기법 중, 개발이 완료된 소프트웨어에 대해 사용자 요구사항 충족 여부를 사용자가 직접 테스트하는 것은 무엇인지 쓰시오.

▶ 답안기입란

11 목적 기반 테스트에 대한 설명을 읽고, 빈칸에 적절한 기법을 쓰시오.

(ㄱ) : 실패를 유도하여 정상 복귀가 가능한지 테스트
(ㄴ) : 응답시간, 처리량, 반응속도 등의 테스트
(ㄷ) : 변경된 코드에 대한 새로운 결함 여부 테스트

▶ 답안기입란

ㄱ :
ㄴ :
ㄷ :

12 관계 해석 논리 기호 중, 전칭 정량자에 해당하는 것은 무엇인지 쓰시오.

▶ 답안기입란

13 아래 Python 코드의 수행 결과를 쓰시오.

```python
s = ["culvert", "actuate", "where"]
a = s[0][:3] + s[1][2:4] + s[2][3:]
print(f"%s is the way we live" % a)
```

▶ 답안기입란

14 아래에서 설명하는 라우팅 프로토콜은 무엇인지 영문 약어로 쓰시오.

> • 순차적으로 빠르게 패킷을 전달하는 신뢰성 있는 프로토콜이다.
> • VLSM을 지원하여 IP 주소의 낭비를 막을 수 있다.
> • 보조 IP 주소를 이용할 수 있고, 최대 홉 카운트가 224개이다.

▶ 답안기입란

15 아래 C 코드를 수행한 결과를 쓰시오.

```c
#include <stdio.h>

int st_len(char *s){
    int cnt=0;
    while(*s != '\0'){
        if(*s<='d')cnt++;
        s++;
    }
    return cnt;
}

int main(){
    char str[] = "standard";
    int c = st_len(str);
    printf("%d", c);
    return 0;
}
```

▶ 답안기입란

16 아래 C 코드는 배열의 최소값, 최대값을 찾아 출력한다. 올바른 결과가 출력되기 위해 빈칸에 알맞은 코드는 무엇인지 쓰시오.

```c
#include <stdio.h>

void findMinMax(const int* arr, int size, int* max, int* min) {
    *max = *min = arr[0];
    for (int i = 1; i < size; i++) {
        if (   ㄱ   ) = arr[i];
        if (   ㄴ   ) = arr[i];
    }
}

int main() {
    int arr[] = { 5, 3, 8, 1, 9, 2, 7 };
    int size = sizeof(arr) / sizeof(arr[0]);
    int max, min;

    findMinMax(arr, size, &max, &min);

    printf("배열의 최댓값: %d\n", max);
    printf("배열의 최솟값: %d\n", min);

    return 0;
}
```

▶ 답안기입란

```
ㄱ :
ㄴ :
```

17 아래 Java 코드가 정상 수행되도록 코드를 수정하시오.

```java
class Animal {
    protected String species;
    protected int age;

    public Animal(String species, int age) {
        this.species = species;
        this.age = age;
    }

    public void eat() {
        System.out.println("The " + species + " is eating.");
    }
}

class Dog{
    private String name;

    public Dog(String name, int age) {
        super("Dog", age);
        this.name = name;
    }

    public void bark() {
        System.out.println(name + " is barking.");
    }
}

public class Main {
    public static void main(String[] args) {
        Dog myDog = new Dog("Buddy", 2);
        myDog.eat();
    }
}
```

▶ 답안기입란

오류 :
정정 :

18 데이터 종속성에서, 종속성 규명의 기준이 되는 속성을 무엇이라 하는지 쓰시오.

▶ 답안기입란

19 TCP/IP 계층 중, 응용 계층에 해당되는 서비스에서 사용되는 프로토콜으로 수신측 이메일 서버에서 사용자의 컴퓨터로 다운로드하는 역할을 수행하는 프로토콜은 무엇인지 쓰시오.

▶ 답안기입란

20 스파게티 코드, 외계인 코드 등의 Bad Code와 반대되는 개념으로, 가독성이 높고 단순하며 의존성이 낮은 코드를 무엇이라 하는지 쓰시오.

▶ 답안기입란

01 아래 Java 코드가 정상 수행되도록 [빈칸]에 알맞은 코드를 쓰시오.

```java
class Person {
    private String name;
    private int age;

    public Person(String name, int age) {
        this.name = name;
        this.age = age;
    }

    public Person(String name) {
        [  빈칸  ](name, 0);
    }

    public Person(int age) {
        [  빈칸  ]("Unknown", age);
    }

    public Person() {
        [  빈칸  ]("Unknown", 0);
    }
}

public class Main
{
    public static void main(String[] args) {
        Person person = new Person("Jane Doe");
    }
}
```

▶ **답안기입란**

02 수학 담당 선생님이 '모든 과목들의 점수가 기록되어 있는 테이블'에서, 자신이 담당하는 수학 점수만 확인하고자 할 때의 적절한 관계 대수 연산은 무엇인지 쓰시오. (연산명 or 기호)

▶ 답안기입란

03 디자인 패턴 중, 객체 생성에 많은 인수가 필요한 복잡한 객체를 단계적으로 생성하는 패턴은 무엇인지 쓰시오.

▶ 답안기입란

04 아래 Java 코드를 수행한 결과를 쓰시오.

```java
class Animal {
    public void makeSound() {
        System.out.println("Some animal sound");
    }
}

class Dog extends Animal {
    public void makeSound() {
        super.makeSound();
        System.out.println("Bark");
    }
}

public class Main {
    public static void main(String[] args) {
        Animal dog = new Dog();
        dog.makeSound();
    }
}
```

▶ 답안기입란

05 IP 주소 192.168.1.0/24가 지정되었고 4개의 서브넷을 생성해야 한다고 했을 때, 생성된 3번 서브넷의 사용 가능한 2번째 주소는 무엇인지 쓰시오. (단, ip-subnet zero를 적용한다.)

▶ 답안기입란

06 0부터 100까지 점수를 입력하여 70 이상이면 합격을 출력하는 프로그램을 테스트하고자 한다. 아래와 같은 테스트 데이터가 주어졌을 때, 가장 적절한 테스트 기법은 무엇인지 쓰시오.

> 0, 69, 70, 100, −1, 102, 71, 1, 99

▶ 답안기입란

07 아래의 테이블 〈생성 SQL〉을 통해 생성한 student 테이블에 데이터를 추가하는 〈삽입 SQL〉문의 빈칸에 적절한 코드를 쓰시오.

〈생성 SQL〉

```
CREATE TABLE student (
    student_id VARCHAR(5),
    name VARCHAR(10),
    gender CHAR(2),
    club VARCHAR(10),
    grade FLOAT
);
```

〈삽입 SQL〉

```
INSERT ( ㄱ ) student(student_id, name, gender, club, grade)
      ( ㄴ )('20230101', '홍길동', '남', '탁구', 4.0);
```

▶ 답안기입란

ㄱ :
ㄴ :

08 키의 종류 중, 유일성을 만족하지 않아도 되는 것은 무엇인지 쓰시오.

▶ 답안기입란

09 아래 Python 코드를 수행한 결과를 쓰시오.

```
list1 = [2, 8, 4, 3]
list2 = list(map(lambda x: x - 2, list1))
print(list2)
```

▶ 답안기입란

10 OSI 7 Layer 전 계층의 프로토콜과 패킷 내부의 콘텐츠를 파악하여 침입 시도, 해킹 등을 탐지하고 트래픽을 조정하기 위한 패킷 분석 기술은 무엇인지 영문 약어로 쓰시오.

▶ 답안기입란

11 분산형 형상 관리 도구 중 하나로, 대형 프로젝트에 효과적이며 중앙 서버에 의존하지 않는 완전한 형태의 저장소를 가지는 것은 무엇인지 쓰시오.

▶ 답안기입란

12 트랜잭션의 특징에 대한 설명 중, 빈칸에 적절한 용어를 찾아 쓰시오.

(ㄱ) : 트랜잭션이 전체적으로 실행되거나 전혀 실행되지 않는 속성
(ㄴ) : 여러 트랜잭션이 서로 간섭하지 않고 동시에 실행할 수 있는 속성

〈보기〉

Atomicity, Consistency, Isolation, Durability

▶ 답안기입란

ㄱ :
ㄴ :

13 아래 C 코드의 수행 결과를 쓰시오.

```c
#include <stdio.h>

int main() {
    int array1[5] = {17, 23, 32, 41, 53};
    int array2[5] = {2, 4, 6, 8, 10};
    int array3[5];

    for (int i = 0; i < 5; i++) {
        if (array1[i] % 2 == 0) {
            array3[i] = array1[i] * array2[i];
        } else {
            array3[i] = array1[i] + array2[i];
        }
    }

    printf("Array 3[3]: %d", array3[3]);
    return 0;
}
```

▶ 답안기입란

14 아래 C 코드는 grade의 값에 따라 다른 결과를 출력한다. 소수점을 반올림하여 결과가 출력될 수 있도록 하기 위한 빈칸에 알맞은 코드를 쓰시오. (예 : 3.7과 4.2를 반올림하면 4이므로 A가 출력되고, 4.5를 반올림하면 5이므로 A+가 출력된다.)

```c
#include <stdio.h>
int main() {
    double grade = 3.7;
    int a = [  빈칸  ];
    switch(a){
        case 5:
            printf("A+");
            break;
        case 4:
            printf("A");
            break;
        case 3:
            printf("B");
            break;
        case 2:
            printf("C");
            break;
    }
    return 0;
}
```

▶ 답안기입란

15 접근 통제 매커니즘에 대한 용어 중, 접근 주체를 기준으로 접근 가능한 대상 및 기능에 대한 목록을 의미하는 것은 무엇인지 쓰시오.

▶ 답안기입란

16 프로세스 스케줄링 방식 중, 작업이 도착한 순서대로 처리하는 방식의 영문 약어와 특징을 한 문장으로 간략히 서술하시오.

▶ 답안기입란

17 다음 중, E-R 다이어그램에 대한 설명으로 틀린 것을 모두 고르시오.

> ㄱ. 기본 구성 요소는 개체, 관계, 속성이 있다.
> ㄴ. 논리 데이터 모델을 표현한 것으로 목표 시스템 환경을 고려해야 한다.
> ㄷ. 완성도 있는 ERD는 업무 수행 방식의 변경에 영향을 받지 않는다.
> ㄹ. ERD의 개체들은 개념 데이터 모델링 과정에서 분할 또는 통합될 수 있다.

▶ 답안기입란

18 books 테이블에서, 언어가 English가 아닌 레코드를 조회하기 위해 빈칸에 적절한 코드를 쓰시오.

〈SQL〉

```
SELECT * FROM books WHERE [   빈칸   ]('English');
```

▶ 답안기입란

19 아래 Java 코드가 정상 수행되기 위한 코드를 빈칸에 쓰시오.

```java
class ArrayUtil {
    public [   빈칸   ] void initArray(int[] arr) {
        for (int i = 0; i < arr.length; i++) {
            arr[i] = i;
        }
    }
}

public class Main {
    public static void main(String[] args) {
        int[] arr = new int[5];
        ArrayUtil.initArray(arr);
        System.out.println(arr[2]);
    }
}
```

▶ 답안기입란

20 아래 Java 코드를 수행한 결과를 쓰시오.

```java
public class Main {
    public static void main(String[] args) {
        int a = -1;
        for (int i = 1; i <= 50; i++)
            if (i % 4 == 0 && i % 7 == 0)
                if (i > a) a = i;
        System.out.println(a);
    }
}
```

▶ 답안기입란

. SECTION .

04 기출문제 04회(2023년 제1회)

01 다음은 어떤 프로그램의 구조를 나타낸다. Fan-in의 수가 2 이상인 모듈을 모두 쓰시오. (단, 제어의 방향은 위에서 아래로 흐른다고 가정한다.)

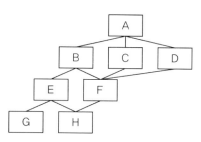

▶ 답안기입란

02 프로그램의 소스 코드나 문서의 버전 및 이력 관리, 변경 사항 등을 체계적으로 관리할 수 있는 기능을 제공하는 프로그램 및 환경을 무엇이라고 하는지 쓰시오.

▶ 답안기입란

03 한정적인 공인 IP 주소 절약을 위해 사설 IP 주소를 공인 IP 주소로 바꿔주는 주소 변환기는 무엇인지 영문 약어로 쓰시오.

▶ 답안기입란

04 아래 파이썬 코드는 퀵 정렬 알고리즘을 구현한 것이다. [빈칸]에 알맞은 코드를 쓰시오.

```python
array = [5, 7, 9, 0, 3, 1, 6, 2, 4, 8]
def quick_sort(arr):
    if len(arr) <= 1:
        return arr
    pivot = arr[len(arr) // 2]
    lesser_arr, equal_arr, greater_arr = [], [], []
    for num in arr:
        if ( ㄱ ):
            lesser_arr.append(num)
        elif ( ㄴ ):
            greater_arr.append(num)
        else:
            equal_arr.append(num)
    return quick_sort(lesser_arr) + equal_arr + quick_sort(greater_arr)

print(quick_sort(array))
```

▶ 답안기입란

ㄱ :
ㄴ :

05 아래 C 코드를 수행한 결과를 쓰시오.

```c
#include <stdio.h>

void fa(int n, int *arr, int *idx){
    if(n==0) return;
    arr[*idx] = n%2;
    *idx += 1;
    fa(n/2, arr, idx);
}

int main() {
    int n=14;
    int arr[32];
    int idx = 0;

    fa(n, arr, &idx);
    for(int i=idx-1; i>=0; i--)
        printf("%d", arr[i]);
    return 0;
}
```

▶ 답안기입란

06 데이터베이스에서 트랜잭션 관련 연산을 수행하는 SQL 명령어를 〈보기〉에서 모두 찾아 쓰시오.

〈보기〉

CREATE, COMMIT, ALTER, DROP, ROLLBACK, INSERT, UPDATE, SELECT

▶ 답안기입란

07 다음 중 관계 대수와 관련 있는 연산자를 〈보기〉에서 모두 찾아 쓰시오.

〈보기〉

$\vee, \pi, \wedge, \sigma, \forall, \exists, \neg$

▶ 답안기입란

08 인터넷 프로토콜(IP)의 불완전한 신뢰성을 보완하기 위해 안정적으로 데이터를 송신하는 방법을 제공하는 것으로, 주소 지정, 다중화, 연결 유지, 패키징, 전송, 품질 관련 서비스, 흐름 제어 등 신뢰성 높은 데이터 전송을 위해 다양한 기능을 제공하는 프로토콜은 무엇인지 영문 약어로 쓰시오.

▶ 답안기입란

09 IPv4의 헤더 구조 중, Destination Address에 해당하는 요소의 크기는 몇 bit인지 쓰시오.

▶ 답안기입란

10 IP 주소 172.16.0.0/16이 지정되었고 100개의 호스트가 있는 서브넷을 생성해야 한다고 했을 때, 생성된 1번 서브넷의 브로드캐스트 주소는 무엇인지 쓰시오. (단, ip-subnet zero를 적용한다.)

▶ 답안기입란

11 아래 교착 상태가 발생하기 위한 필요 충분 조건에 대한 설명 중, [빈칸]에 적절한 용어를 쓰시오.

상호 배제(Mutual exclusion) : 한 리소스는 한 번에 한 프로세스만이 사용 가능
(ㄱ) : 프로세스가 하나 이상의 리소스를 점유하고 있으면서 다른 프로세스가 가지고 있는 리소스를 기다리는 상태
(ㄴ) : 프로세스가 리소스를 자발적으로 반환할 때까지 기다리는 상태
환형 대기(Circular wait) : 각 프로세스가 순차적으로 다음 프로세스가 요구하는 자원을 가진 상태

▶ 답안기입란

ㄱ :
ㄴ :

12 프로세스들의 실행 시간과 도착 시간이 아래 표와 같을 때, SJF 스케줄링 알고리즘을 적용했을 때의 각 프로세스의 대기 시간을 구하시오.

프로세스	실행 시간	도착 시간	대기 시간
A	24	0	(ㄱ)
B	17	10	(ㄴ)
C	8	14	(ㄷ)

▶ 답안기입란

ㄱ :
ㄴ :
ㄷ :

13 아래의 제어 흐름도를 분기(결정) 커버리지로 테스트하고자 할 때, 도출되는 테스트 케이스(경로)를 모두 쓰시오.

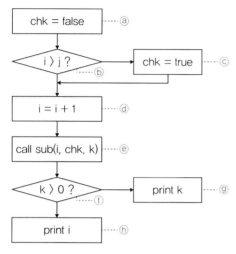

▶ 답안기입란

14 ⟨PLAYER⟩ 테이블에서 ⟨팀명⟩은 내림차순으로 정렬하고, ⟨팀명⟩이 같을 경우 ⟨연봉⟩을 오름차순으로 정렬하여 ⟨선수명⟩, ⟨팀명⟩, ⟨연봉⟩을 조회하는 SQL 코드를 쓰시오.

▶ 답안기입란

15 아래 파이썬 코드를 수행한 결과를 정확히 쓰시오.

```
ar = [10, 20, 30, 40]
for i, v in enumerate(ar):
    print(i+v, end="-")
```

▶ 답안기입란

16 아래 이미지는 일반적인 DBMS의 구조이다. 빈칸에 적절한 용어를 쓰시오.

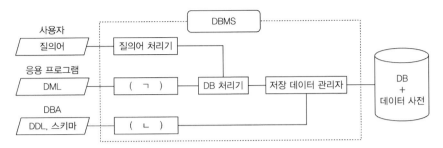

▶ **답안기입란**

ㄱ :
ㄴ :

17 아래 C 코드를 수행한 결과를 쓰시오.

```c
#include <stdio.h>

int main() {
    int a=4, b=2, c=1;
    printf("%d", a|b&1|c);
    return 0;
}
```

▶ **답안기입란**

18 아래에서 설명하는 운영체제 운용 기법은 무엇인지 〈보기〉에서 찾아 쓰시오.

여러 명의 사용자가 사용하는 시스템에서 컴퓨터가 사용자들의 프로그램을 번갈아 가며 처리해 줌으로써 각 사용자에게 독립된 컴퓨터를 사용하는 느낌을 주는 것이며, 라운드 로빈(Round Robin) 방식이라고도 한다.
하나의 CPU는 같은 시점에서 여러 개의 작업을 동시에 수행할 수 없기 때문에, CPU의 전체 사용 시간을 작은 작업 시간량(Time Slice)으로 나누어서 그 시간량 동안만 번갈아 가면서 CPU를 할당하여 각 작업을 처리한다.

〈보기〉

Batch Processing, Multi Programming, Time Sharing, Multi−Processing, RealTime Processing, Multi Mode Processing, Distributed Processing

▶ 답안기입란

19 아래 SQL문에서, 밑줄 친 부분이 의미하는 바를 약술하시오. (문장의 끝맺음 없이, 필요한 문구가 포함되면 정답으로 인정한다.)

```
SELECT COUNT(*) FROM CUSTOMER
GROUP BY ID HAVING COUNT(*) > 3
```

▶ 답안기입란

20 E−R 다이어그램에서, 다중값(복합) 속성을 의미하는 기호를 그리시오.

▶ 답안기입란

01 아래에서 설명하는 용어를 영문 약어로 쓰시오.

> OSI 기본 참조 모델의 데이터 연결 계층의 대표적인 프로토콜이며, X.25 기반의 패킷 교환망이나 ISDN의 D채널을 통한 신호 방식에서도 사용된다.
> 전송 효율과 신뢰성이 높아 다양한 데이터링크 형태에 적용되며 모든 데이터 통신 방식을 지원하는 동기식 전송 방식이다.
> 에러제어를 위해서 CRC 방식을 채택하며 메시지가 유실되었을 시 ARQ를 통해 재전송을 함으로써 데이터 가 올바르게 전송되었음을 보장한다.

▶ 답안기입란

02 아래 SQL문에서, Age 열에 대한 제약 조건을 지정하려 한다. [빈칸]에 적절한 코드를 쓰시오. (단, Age 열의 제약 조건은 20 이상인 데이터만 입력되도록 설정한다.)

```
CREATE TABLE Persons (
    ID int NOT NULL,
    LastName varchar(255) NOT NULL,
    FirstName varchar(255),
    Age int,
    [   빈칸   ]
);
```

▶ 답안기입란

03 아래 정규화 단계와 단계별 설명을 올바른 것끼리 연결하시오.

1NF(제1정규형) ●	● 이행적 함수 족송 제거
2NF(제2정규형) ●	● 부분 함수 종속 제거
3NF(제3정규형) ●	● 후보키를 통하지 않는 조인 종속 제거
BCNF(보이스 코드 정규형) ●	● 다치 종속 제거
4NF(제4정규형) ●	● 도메인이 원자값만 가지도록 분해
5NF(제5정규형) ●	● 결정자가 후보키가 아닌 종속 제거

04 어떤 시점에서, 프로세스의 실행 시간 및 대기 시간이 아래와 같을 때, HRN 스케줄링에 의해 가장 먼저 실행되는 프로세스는 무엇인지 쓰시오.

프로세스	실행 시간	대기 시간
A	20	10
B	8	15
C	10	8

▶ 답안기입란

05 아래 파이썬 코드에서 사용된 Data Type을 〈보기〉에서 모두 찾아 쓰시오. (순서 상관 없음)

```
a = 20.5
b = ["apple", "banana", "cherry"]
c = {"name" : "John", "age" : 36}
```

〈보기〉

str, int, float, list, dict, range, tuple, set, complex

▶ 답안기입란

06 아래 Java 코드는 선택 정렬 알고리즘을 구현한 것이다. [빈칸]에 적절한 코드를 쓰시오.

```java
class Selection_Sort{
    public static void selection_sort(int[] a, int size){
        for(int i = 0; i < size - 1; i++) {
            int m = i;
            for(int j = i + 1; j < size; j++)
                if(a[j] < a[m]) m = j;
            swap([  빈칸  ]);
        }
    }
    private static void swap(int[] a, int i, int j){
        int temp = a[i];
        a[i] = a[j];
        a[j] = temp;
    }
}
```

▶ 답안기입란

07 Java에서 메모리 관리를 수행하는 것으로, 더 이상 사용되지 않는 객체를 메모리에서 자동으로 제거하는 모듈은 무엇인지 쓰시오.

▶ 답안기입란

08 아래 파이썬 코드는 1부터 100까지의 정수 중 3의 배수의 합을 구하여 출력한다. [빈칸]에 적절한 코드를 쓰시오.

```
s = 0
for i in range([  빈칸  ]):
    s += i
print(s)
```

▶ 답안기입란

09 다음 중, 데이터 정의어에 해당하는 SQL 명령어를 〈보기〉에서 모두 찾아 쓰시오. (단, 순서는 상관 없음)

〈보기〉

INSERT, DROP, GRANT, TRUNCATE, SELECT, DELETE, COMMIT, CHECKPOINT, ALTER, ROLLBACK, UPDATE, REVOKE

▶ 답안기입란

10 아래 C 코드의 수행 결과를 쓰시오.

```c
#include <stdio.h>
int main() {
    int arr[4][4];
    int n = 1;
    int row_start = 0;
    int row_end = 3;
    int col_start = 0;
    int col_end = 3;
    while (row_start <= row_end && col_start <= col_end) {
        for (int i = col_start; i <= col_end; i++)
            arr[row_start][i] = n++;
        row_start++;
        for (int i = row_start; i <= row_end; i++)
            arr[i][col_end] = n++;
        col_end--;
        for (int i = col_end; i >= col_start; i--)
            arr[row_end][i] = n++;
        row_end--;
        for (int i = row_end; i >= row_start; i--)
            arr[i][col_start] = n++;
        col_start++;
    }
    for (int i = 0; i < 4; i++) {
        for (int j = 0; j < 4; j++) {
            printf("%3d", arr[i][j]);
        }
        printf("\n");
    }
    return 0;
}
```

▶ 답안기입란

11 V-모델에 근거한 테스트 단계를 나열하시오.

▶ 답안기입란

12 아래 설명에 해당하는 ARQ 방식은 무엇인지 쓰시오.

송신측이 전송한 프레임에 대하여 수신측으로부터 응답신호(ACK, NAK)를 받을 때까지 기다리는 방식이다.
ACK(긍정 응답)가 오지 않은 경우 프레임이 손실되거나 중복 등이 일어난 것으로 판단한다.
1개의 파이프 라인(응답신호를 받기 전에 보낼 수 있는 프레임 개수)만 사용한다.

▶ 답안기입란

13 아래에서 설명하는 트랜잭션의 특징을 〈보기〉에서 찾아쓰시오.

트랜잭션 실행 도중 다른 트랜잭션의 영향을 받지 않아야 한다는 특성

〈보기〉

Atomicity, Consistency, Isolation, Durability

▶ 답안기입란

14 아래 C 코드를 수행하여 출력되는 결과를 쓰시오.

```c
#include <stdio.h>
int main() {
    int a=50, b=7, c=0;
    while(a>=b){
        a-=b;
        c++;
    }
    printf("%d %d", c, a);
    return 0;
}
```

▶ 답안기입란

15 〈학생〉 테이블에서 〈학점〉이 3.5 이상인 학생들의 〈학과명〉과 〈담당교수〉를 중복 없이 조회하는 SQL문을 작성하시오.

▶ 답안기입란

16 동일 통신 계층 간에 교환되는 전체 데이터를 PDU(Protocol Data Unit)라고 한다. 통신 계층별 PDU에 해당하는 데이터 단위를 [빈칸]에 맞춰 쓰시오.

```
링크 계층 : ( ㄱ )
네트워크 계층 : ( ㄴ )
전송 계층 : ( ㄷ )
```

▶ 답안기입란

```
ㄱ :
ㄴ :
ㄷ :
```

17 아래 C 코드의 수행 결과를 쓰시오.

```c
#include <stdio.h>
int main() {
    char a[5] = "abcde";
    int s=0, i;
    for(i=0; i<5; i++){
        s+=a[i]-'a';
    }
    printf("%d", s);
    return 0;
}
```

▶ 답안기입란

18 아래에 나열된 테스트 기법 중, 화이트박스 테스트 기법에 해당하는 요소의 개수를 쓰시오.

Condition, Equivalence Partitioning, Data Flow, Basic Path, Cause-Effect Graphing, Boundary Value Analysis, Loop, Comparison, Error Guessing

▶ 답안기입란

19 OSI-7 계층 중, 네트워크 상의 단말기 간 신뢰성 있는 데이터 송수신을 제공할 수 있도록 지원하는 계층은 무엇인지 쓰시오.

▶ 답안기입란

20 아래 C 코드를 수행한 결과를 쓰시오.

```c
#include <stdio.h>
int main() {
    char a[7] = "diamond";
    char t;
    int i;
    for(i=0; i<7; i++){
        t = a[(i+3)%7];
        a[(i+3)%7] = a[i];
        a[i] = t;
    }
    printf("%s", a);
    return 0;
}
```

▶ 답안기입란

01 아래 Java 코드를 수행하면 Parent가 출력된다. [빈칸]에 적절한 코드를 쓰시오.

```java
class Parent{
    void show(){
        System.out.println("Parent");
    }
}class Child extends Parent{
    void show(){
        System.out.println("Child");
    }
}public class Main {
    public static void main(String[] args) {
        Parent a = [  빈칸  ]();
        a.show();
    }
}
```

▶ 답안기입란

02 아래 C 코드를 수행한 뒤 출력되는 값을 쓰시오.

```c
#include <stdio.h>
int main(){
    int i, j, k = 0;
    int arr[100][5];
    for (i = 0; i < 100; i++){
        if (i % 2 == 0) {
            for(j=0; j<5; j++){
                k++;
                arr[i][j] = k;
            }
        }else{
            for(j=4; j>=0; j--){
                k++;
                arr[i][j] = k;
            }
        }
    }
    printf("%d", arr[47][0]);
    return 0;
}
```

▶ 답안기입란

03 아래에서 설명하는 무결성의 종류를 쓰시오.

특정 열에 중복 값 또는 Null에 대한 제한을 두어 개체 식별자의 역할을 할 수 있게 하는 특성이다.
각 개체의 식별은 개체 무결성이 적용된 열에 의해 판단한다.

▶ 답안기입란

04 제4정규형을 만족하기 위해 제거해야 하는 종속성은 무엇인지 쓰시오.

▶ 답안기입란

05 아래 C 코드의 수행 결과를 쓰시오.

```c
#include <stdio.h>
int fa(int n){
    if(n==0) return 0;
    if(n%2==1)
        return -n + fa(n-1);
    return n + fa(n-1);
}
int main(){
    printf("%d", fa(10));
    return 0;
}
```

▶ 답안기입란

06 아래는 프로그램의 실행 여부에 따라 테스트 유형을 나눈 것이다. [빈칸]에 들어갈 알맞은 용어를 쓰시오.

- 프로그램의 실행 여부에 따라 정적 테스트와 동적 테스트가 있다.
- 정적 테스트 : 프로그램 실행 없이 소스 코드의 구조 분석(인스펙션, 동료 검토, 워크스루 등)
- 동적 테스트 : 프로그램의 실행 화면을 보면서 테스트 수행(화이트박스, 블랙박스)
  (ㄱ)(은)는 프로그램의 내부 로직(경로 구조, 루프 등)을 중심으로 테스트를 진행한다.
  (ㄴ)(은)는 프로그램의 기능(요구사항 만족 여부, 결과 값)을 중심으로 테스트를 진행한다.

▶ 답안기입란

07 아래 C 코드는 버블 정렬을 구현한 것이다. [빈칸]에 적절한 코드를 쓰시오.

```c
void BubbleSort(int arr[], int size){
    int i, j, temp;
    for (i=0; i<size-1; i++)
        for (j=0; j< [  빈칸  ] ; j++)
            if (arr[j] > arr[j+1]){
                temp = arr[j];
                arr[j] = arr[j+1];
                arr[j + 1] = temp;
            }
}
```

▶ 답안기입란

08 다음에 제시된 Java 프로그램의 실행 결과, 〈출력 결과〉와 같이 결과를 출력한다. [빈칸]에 적절한 코드를 쓰시오.

〈출력 결과〉

```
1 4 7 10 13
2 5 8 11 14
3 6 9 12 15
```

```java
public class Main{
    public static void main(String[ ] args) {
        int[ ][ ] arry = new int[(  ㄱ  )][(  ㄴ  )];
        for(int i=0; i<3; i++){
            for(int j=0; j<5; j++){
                arry[i][j] = j * 3 + (i + 1);
                System.out.print(arry[i][j] + " ");
            }
            System.out.println( );
        }
    }
}
```

▶ 답안기입란

```
ㄱ :
ㄴ :
```

09 아래에서 설명하는 릴레이션 구성 요소는 무엇인지 〈보기〉에서 찾아 쓰시오.

- 개체를 구성하는 고유의 특성으로 의미 있는 데이터의 가장 작은 논리적 단위이다.
- 파일 시스템에서 필드를 의미하며 테이블의 열(Column)에 해당한다.

〈보기〉

Entity, Attribute, Domain, Tuple, Relation Schema

▶ 답안기입란

10 SQL 문법에서 중복을 제거하여 조회하기 위해 사용하는 키워드는 무엇인지 쓰시오.

▶ 답안기입란

11 TCP의 통신 수립 단계인 3-way 핸드셰이킹에서 사용하는 전송 제어 문자(flag)를 쓰시오.

▶ 답안기입란

12 아래 C언어 코드를 수행한 결과를 쓰시오.

```c
#include <stdio.h>
void main(){
    char *p = "KOREA";
    printf("%s\n", p);
    printf("%s\n", p+3);
    printf("%c\n", *p);
    printf("%c\n", *(p+3));
    printf("%c\n", *p+2);
}
```

▶ 답안기입란

13 역채널을 이용하는 오류 제어 방식 중 하나로, 오류가 발생할 경우 자동으로 송신측에 데이터의 재전송을 요청하는 것은 무엇인지 영문 약어로 쓰시오.

▶ 답안기입란

14 아래 Python 코드를 수행한 결과를 쓰시오.

```python
asia = {'한국', '중국', '일본'}
asia.add('베트남')
asia.add('중국')
asia.remove('일본')
asia.update(['홍콩', '한국', '태국'])
print(asia)
```

▶ 답안기입란

15 아래 Java 코드를 수행한 결과를 쓰시오.

```java
class A {
    int a;
    public A(int n) {
        a = n;
    }
    public void print( ) {
        System.out.println("a="+a);
    }
}
class B extends A {
    public B(int n) {
        super(n);
        super.print( );
    }
}
public class Main {
    public static void main(String[ ] args) {
        B obj = new B(10);
    }
}
```

▶ 답안기입란

16 아래 IPv6에 대한 설명 중, [빈칸]에 적절한 용어 및 수치를 쓰시오.

16비트씩 8부분으로 구성되는 (ㄱ)비트 주소 체계이다.
각 자리는 0부터 FFFF(65535)까지의 16진수로 표현하며 콜론(:)으로 구분한다.
연속되는 앞자리의 (ㄴ)(은)는 생략할 수 있다.
- 유니캐스트 : 1:1 방식으로 특정 수신자에게만 데이터를 전송하는 방식
- (ㄷ)캐스트 : N:M 방식으로 특정 그룹 수신자들에게 데이터를 동시 전송하는 방식
- 애니캐스트 : 수신 가능한 가장 가까운 수신자에게 데이터를 전송하는 방식

▶ 답안기입란

ㄱ :
ㄴ :
ㄷ :

17 HTTP가 사용하는 포트 번호를 쓰시오.

▶ 답안기입란

18 전자 우편의 낮은 보안성을 보완하기 위해 메시지 기밀성, 무결성, 사용자 인증, 부인 방지 등의 기능을 제공하는 보안 프로토콜은 무엇인지 영문 약어로 쓰시오.

▶ 답안기입란

19 Java 문법에서, 클래스 변수를 선언하기 위해 변수 식별자 앞에 입력하는 키워드는 무엇인지 쓰시오.

▶ 답안기입란

20 〈학번〉, 〈성명〉 열이 존재하는 어떤 릴레이션에서 〈연락처〉, 〈거주지〉 열을 추가하고 "노여진", "박승현", "김미르", "강한결", "박영진" 학생의 데이터를 추가하였을 때의 차수와 기수를 쓰시오. (릴레이션은 비어 있었다고 가정한다.)

▶ 답안기입란

모의고사 정답 및 해설

01. 3

02. BaaS

03. Decode

04. SELECT 성명, AVG(점수) FROM 성적 GROUP BY 성명;

05. SELECT 과목, AVG(점수) FROM 성적 GROUP BY 과목;

06. 3 6 7 9 10

07. 스래싱(thrashing)

08. 필사 오류, Transcription error

09. 위치 : ㄷ
   코드 : break

10. 102

11. 구문, 의미, 시간

12. ㄱ : 외부
    ㄴ : 개념
    ㄷ : 내부

13. NEM

14. 반환 시간, Turnaround Time

15. 낚시의 법칙

16. GUI

17. ②

18. 학교공부
    학교공부
    인생공부

19. e

20. 여러 개의 테스트 케이스들을 순서대로 진행할 수 있도록 묶은 집합이다.

```
int main( ) {
    int data[5] = {10, 6, 7, 9, 3};
    int temp;
    #① 2중 반복에 대소 비교를 통한 스왑코드 → 정렬
    for (int i = 0; i < 4; i++) {
        #② j의 시작값이 i보다 크므로 i가 왼쪽값, j가 오른쪽값
        for (int j = i + 1; j < 5; j++) {
            #③ 왼쪽값이 클 때 스왑 → 오름차순
            if (data[i] > data[j]) {
                #④ 스왑코드는 반드시 암기
                temp = data[i];
                data[i] = data[j];
                data[j] = temp;
            }
        }
    }
    for(int i = 0; i < 5; i++) {
        printf("%d ", data[i]);
    }
}
```

초기값	i=0	i<5	total+=a+(n-1)*d	n++	i++
a=2 d=6 n=2 total=2	0	true	2+8	3	1
	1	true	2+8+14	4	2
	2	true	2+8+14+20	5	3
	3	true	2+8+14+20+26	6	4
	4	true	2+8+14+20+26+32	7	5
	5	false			

NEM 기법 : Novice Export retio Method

GUI : Graphic User Interface(그래픽 사용자 인터페이스)

```
class Person {
    #⑤-1 업캐스팅되었어도 메소드가 오버라이딩되어 있다면 하위 클래스 메소드 호출
    void study( ){
        System.out.println("인생공부");
    }
}
class Student extends Person {
    #⑤-2 오버라이딩된 메소드 호출
    void study( ){
        System.out.println("학교공부");
    }
}
public class Main {
    public static void main(String[ ] args) {
        #① Student 인스턴스 생성하여 Student 타입 변수에 할당
        Student a = new Student( );
        #② Student 인스턴스 생성하여 Person 타입 변수에 할당(업캐스팅)
        Person b = new Student( );
        #③ Person 인스턴스 생성하여 Person 타입 변수에 할당
        Person c = new Person( );
        a.study( ); #④ 변수가 Student 타입이므로 Student 클래스의 study 호출
        b.study( ); #⑤ 변수가 Person 타입이므로 Person 클래스의 study 호출
        c.study( ); #⑥ 변수가 Person 타입이므로 Person 클래스의 study 호출
    }
}
```

list_a	[0]	[1]	[2]	[3]					[4]	[5]		
	273	32	100	[0]	[1]	[2]	[3]	[4]	50	[0]	[1]	[2]
				k	o	r	e	a		10	True	30

01. Block

02. ㄷ

03. 살충제 패러독스, Pesticide Paradox

04. SELECT 성명, 점수 FROM 성적 WHERE 성명 LIKE '%길%';

05. 응용 계층, 표현 계층, 세션 계층

06. SELECT 학생명 FROM 학적 WHERE 전화번호 IS NOT NULL;

07. HDBMS

08. 샘플링, Sampling

09. score/10

10. ㄱ : year % 4 == 0
ㄴ : year % 100 != 0

11. 1, 90

12. 스파게티 코드

13. 커뮤니케이션(Communication) 다이어그램

14. 표준화

15. [10, True]

16. 수학공부/인생공부

17. 레지스터, Register

18. 후보키를 통하지 않는 조인 종속을 제거한 상태

19. 교착상태, Deadlock

20. ㄱ : 생성
ㄴ : 구조
ㄷ : 행위

04번 해설

- 길로 시작 : 길%
- 길로 끝남 : %길
- 길을 포함 : %길%

07번 해설

HDBMS (Hierarchical DBMS)	• 데이터를 계층화(상하 관계)하여 관리하는 형태의 데이터베이스 시스템이다. • 접근 속도가 빠르지만, 상하 종속적이라 데이터 구조 변화에 유연한 대응이 어렵다. • 모든 레코드의 관계는 1:N 관계이며, N:M 관계의 표현이 어렵다.
NDBMS (Network DBMS)	• 데이터를 네트워크 형태로 관리하는 형태의 데이터베이스 시스템이다. • HDBMS의 상하 종속관계 해결이 가능하지만 구성이 복잡하고 데이터 종속성은 해결하지 못한다. • 모든 레코드의 관계는 1:1부터 N:M까지 모두 표현할 수 있다.
RDBMS (Relational DBMS)	• 데이터를 테이블 구조로 모델링하여 관리하는 형태의 대표적인 데이터베이스 시스템이다. • 업무 변화에 적응력이 높아 유지보수, 생산성이 향상된다. • 레코드가 아닌 테이블(릴레이션)을 기준으로 상호 간의 관계를 설정한다. • 단순하면서도 뛰어난 논리적 구조를 지원하지만, 시스템의 부하가 커질 수 있다.

09번 해설

- 정수 나누기 정수의 결과는 정수이다.
- 90~99를 10으로 나누면 9.0~9.9(실수)가 아닌 9(정수)이다.

10번 해설

A % B == 0 : A는 B의 배수, B는 A의 약수

11번 해설

```
int main( ) {
    int score[5] = {70, 80, 75, 60, 90};
    #① 개수 카운팅과 최대값 변수는 최저값으로 초기화한다.
    int up80=0, m=0;
    for(int i=0; i<5; i++) {
        if(score[i]>80) up80++;
        #② 최대값 계산 공식(반드시 암기할 것)
        if(m<score[i])
            m = score[i];
    }
    printf("%d, %d", up80, m);
}
```

[:2] : 첫 요소부터 2번째 요소 전까지 슬라이싱

list_a	[0]	[1]	[2]	[3]						[4]	[5]		
	273	32	100	[0]	[1]	[2]	[3]	[4]		50	[0]	[1]	[2]
				k	o	r	e	a			10	True	30

```
class Person {
    void study( ){
        System.out.println("인생공부");
    }
}
class Student extends Person {
    #① study메소드는 상속을 통해 오버로딩되어 있다.
    void study(String sub){
        System.out.print(sub + "공부/");
    }
}
public class Main {
    public static void main(String[ ] args) {
        Student a = new Student( );
        #② 문자열을 인수로 받는 Student클래스의 study 메소드 호출
        a.study("수학");
        #③ 매개변수가 없는 Person 클래스의 study 메소드 호출
        a.study( );
    }
}
```

01. 스레드, Thread

02. 하나의 릴레이션에 하나의 의미만 존재할 수 있도록 릴레이션을 분해하는 과정이다.

03. CIDR, Classless Inter-Domain Routing

04. 서비스 지향 아키텍처, SOA, Service Oriented Architecture

05. Adapter

06. 사용자 요구사항 준수 여부를 체크하는 입력값, 실행 조건, 기대 결과 등이 기록된 문서

07. 2

08. 테이블

09. TCP, UDP

10. 미들웨어, MiddleWare

11. • 제어장치 : 컴퓨터 하드웨어를 제어하는 장치
   • 연산장치 : 산술 및 논리 연산을 수행하는 장치

12. ㄱ : max
   ㄴ : min

13. ㄱ : 5
   ㄴ : 9

14. 상위 클래스의 인스턴스는 하위 클래스의 메소드를 호출할 수 없다.

15. 정적 분석(Static Analysis) 도구

16. 유지보수 용이성, Maintainability

17. 토글, Toggle

18. aerok

19. 선호도(Preference) 평가

20. 유닉스, Unix

score[i]가 2와 3의 공배수라면 2와 3으로 나눴을 때 나머지는 0이다.

12번 해설

```
int main( ) {
    int a, b, max, min, sum=0;
    scanf("%d %d", &a, &b);
    if(a>b) {
        #① max가 작은 값, min이 큰 값이다.
        max=b; min=a;
    } else {
        #② 변수명의 함정에 빠지면 안 된다.
        max=a; min=b;
    }
    #③ for문은 작은 값(max)에서 큰 값(min)으로 진행된다.
    for(int n=max; n<=min; n++)
        sum += n;
    printf("%d", sum);
}
```

13번 해설 바깥쪽 반복문이 행의 변화(위아래)를 담당하고, 안쪽 반복문이 열의 변화(좌우)를 담당한다.

i\j	1	2	3	4	5	6	7	8
2								
3								
4								
5								

18번 해설 [::-1] : 요소를 역순으로 탐색

01. Transport

02. 페이퍼 프로토타입, Paper Prototype

03. 제3정규형

04. Bridge

05. 도메인, Domain

06. Jenkins

07. SELECT 지점명, 판매액 FROM 판매실적 WHERE 도시="서울" ORDER BY 판매액 DESC;

08. RPC

09. ㄱ : 추출, project
    ㄴ : 선택, select
    ㄷ : 조인, join

10. RESTRICT

11. ㄱ : score[i]%3 == 0
    ㄴ : score[i]%5 == 0

12. 0

13. 별 헤는 밤 : 윤동주
    공무도하가 : 작자 미상

14. 테스트 스텁, Test Stub

15. Ready

16. 블랙박스, 화이트박스

17. ㄱ : a/b
    ㄴ : a%b

18. 버스, Bus

19. 성능(Performance) 평가

20. 110

08번 해설 RPC : Remote Procedure Call(리모트 프로시저 콜), 별도의 원격 제어를 위한 코딩 없이 다른 주소 공간에서 함수나 프로시저를 실행할 수 있게 하는 프로세스 간 통신 기술이다.

11번 해설
- score[i]%3 == 0 : score[i]가 3의 배수인지 판단
- score[i]%5 == 0 : score[i]가 5의 배수인지 판단

12번 해설 sizeof 연산자는 변수 타입에 따라 결과가 달라지지만 포인터 변수는 4바이트로 고정이기 때문에 문자형 변수 사이즈(1)와 포인터 변수 사이즈(4)는 같지 않다.

13번 해설

```
class Book {
    String title;
    String author;
    #②-1 인수로 넘겨받은 title과 "작자 미상"을 #①-1의 생성자로 전달
    Book(String title) {
        this(title, "작자 미상");
    }
    #①-1 인수로 넘겨받은 title과 author를 할당
    Book(String title, String author) {
        this.title = title;
        this.author = author;
    }
}
public class Main {
    public static void main(String[ ] args) {
        #① 문자열 인수를 2개 넘기면서 인스턴스 생성
        Book a = new Book("별 헤는 밤", "윤동주");
        #② 문자열 인수를 1개 넘기면서 인스턴스 생성
        Book b = new Book("공무도하가");
        System.out.println(a.title + " : " + a.author);
        System.out.println(b.title + " : " + b.author);
    }
}
```

20번 해설

```
a = {"철수": 40, "영희": 50}
#① 키가 없는 경우 새로 추가
a['길동'] = 70
#② '철수'와 "철수"는 같은 데이터
#   키가 존재하는 경우 데이터 수정
a['철수'] = 60
print(a['철수']+a["영희"])
```

01. 쉘, Shell

02. GRANT SELECT ON STUDENT TO U1 WITH GRANT OPTION;

03. σ

04. BETWEEN 170 OR 180 → BETWEEN 170 AND 180

05. 전달(Transfer), 함수 연산(Function), 제어(Control), 입력(Input), 출력(Output)

06. FTP, DHCP, HTTP, SMTP, DNS, SNMP 등

07. ㄱ, ㄴ, ㄹ

08. 10 9 7 6 3

09. 속성, Attribute

10. 워크스루, Walk Through

11. 장점 : 최종 제품과 비슷한 환경으로 테스트 가능하다. 수정과 재사용이 용이하다.
　　　단점 : 응용 프로그램의 사용법 숙지가 필요하다.

12. a〉b

13. 오류(error)

14. 64

15. Web Application Server

16. Encapsulation

17. ['G', 'b', 'C']

18. 제품 또는 서비스의 본질과 사용자 간 상호작용의 품질을 검증하는 것이다.

19. Chain of Responsibility

20. SNMP, Simple Network Management Protocol

02번 해설 STUDENT 테이블의 검색 권한(GRANT SELECT ON STUDENT)을 U1에게 부여(TO U1)하고, U1은 부여받은 권한을 다른 사용자에게 부여(WITH GRANT OPTION)할 수 있음

08번 해설

```c
int main( ) {
    int data[5] = {10, 6, 7, 9, 3};
    int temp;
    #① 2중 반복에 대소 비교를 통한 스왑코드 → 정렬
    for (int i = 0; i < 4; i++) {
        #② j의 시작값이 i보다 크므로 i가 왼쪽값, j가 오른쪽값
        for (int j = i + 1; j < 5; j++) {
            #③ 왼쪽값이 작을 때 스왑 → 내림차순
            if (data[i] < data[j]) {
                #④ 스왑 공식(정렬 방향과 상관없이 일정)
                temp = data[i];
                data[i] = data[j];
                data[j] = temp;
            }
        }
    }
    for(int i = 0; i < 5; i++) {
        printf("%d ", data[i]);
    }
}
```

```
int main( ) {
    int a, b;
    scanf("%d %d", &a, &b);
    #① a-b의 결과로 양수가 나오려면  a가 커야 한다.
    if(a>b)
        printf("%d, %d의 차이값은 %d입니다.", a, b, a-b);
    else
        printf("%d, %d의 차이값은 %d입니다.", a, b, b-a);
}
```

```
++a/5 << b/2-1*2
```

① b/2 = 7
② 1*2 = 2
③ ① - ② = 5
④ ++a = 11
⑤ ④/5 = 2
⑥ ⑤ << ③ = 64

```
a = ['A', 'b', 'C']
#① 0번째 요소 삭제 → ['b', 'C']
a.pop(0)
#② 마지막 위치에 'B' 추가 → ['b', 'C', 'B']
a.append('B')
#③ 0번째 위치에 'G' 추가 → ['G', 'b', 'C', 'B']
a.insert(0, 'G')
#④ 'B' 삭제 (대소문자 구분) → ['G', 'b', 'C']
a.remove('B')
print(a)
```

01. 데이터의 보안, 무결성, 트랜잭션 병행제어 등을 위해 쓰인다.

02. 5

03. 1515

04. 릴레이션, Relation

05. 1−2+3−4+5

06. 관계 대수

07. ㄴ−ㄷ−ㄱ−ㅁ−ㅂ−ㄹ

08. ㄱ : 검증(Verification)

ㄴ : 확인(Validation)

09. 유스케이스, Use case

10. 장애, Failure

11. score

12. 코드의 기능 자체는 바뀌지 않은 상태에서 구조를 개선하는 것이다.

13. 0 − 주소 명령어

14. ㄱ : this.name = name;

ㄴ : this.author = author;

15. Pyth on

16. TCP/IP

17. 상호 배제, 점유와 대기, 비선점, 환형 대기

18. 모듈, Module

19. HCI

20. ㄱ, ㄹ

03번 해설

```
int main( ) {
    #① 21(정수) / 4(정수) → 5(정수)
    #  5 * 3 → 15
    int a = (21 / 4) * 3;
    #② (15*15)/15 → 15
    int b = (a * a) / a;
    #③ 정수 2개를 붙여서 표현하는 것에 주의
    printf("%d%d", a, b);
}
```

05번 해설

```
int main( ) {
    int sw=-1, n=2;
    #① 부호가 없는 1을 먼저 출력
    printf("1");
    for(int i=1; i<5; i++) {
        #② -2가 먼저 출력되도록 sw(-1)을 ①과 비교
        if(sw==1)
            #⑤ 양수는 부호가 없기 때문에 강제 출력
            printf("+");
        #③ 출력될 수(n)에 부호(sw)를 적용하여 출력 → n 증가
        printf("%d", n++*sw);
        #④ -1을 곱하여 양수, 음수가 반복되도록 지정
        sw *= -1;
    }
}
```

11번 해설

```
int main( ) {
    double score=3.7;
    #① 실수(3.7)를 정수 공간(i)에 할당하면 소수점 데이터가 소실(삭제)
    #  3.0~3.9까지의 값(실수)은 3(정수)으로 자동 변환
    int i = score;
    switch(i) {
```

```
        case 4:
            printf("A+"); break;
        case 3:
            printf("B+"); break;
        case 2:
            printf("C+"); break;
        case 1:
            printf("D+"); break;
        default:
            printf("F"); break;
    }
}
```

14번 해설

```
class Book {
    #① private 지정된 멤버는 클래스 내부에서만 접근 가능
    private String name;
    private String author;

    #② 매개변수(name)를 통해 넘겨받은 값을 클래스(this)의 name으로 할당
    public void setName(String name) { this.name = name; }
    #③ 매개변수(author)를 통해 넘겨받은 값을 클래스(this)의 author로 할당
    public void setAuthor(String author) { this.author = author; }
    public String getName( ) { return name; }
    public String getAuthor( ) { return author; }
}
```

15번 해설

```
s = "Hello Python"
#① 마지막 인덱스(10) 전까지만 슬라이싱
#   마지막 인덱스 생략 시에는 끝까지 슬라이싱
print(s[6:10], s[-2:])
```

인덱스	0	1	2	3	4	5	6	7	8	9	10	11
문자열	H	e	l	l	o		P	y	t	h	o	n
역인덱스	−12	−11	−10	−9	−8	−7	−6	−5	−4	−3	−2	−1

19번 해설   HCI : Human Computer Interface, 인간과 시스템의 상호작용이 보다 편리하고 안전하게 이루어지도록 연구하는 학문으로, 사용자가 시스템을 이용함에 있어 최적의 경험을 할 수 있도록 하는 것이 최종 목표이다.

01. 15

02. 결함 검토, Reviewed

03. 제2정규형, 제2정규화, 2NF

04. 리팩토링, Refactoring

05. ㄱ : Degree

ㄴ : Cardinality

06. DB(Schema), Table, View, Index 등을 정의(생성, 갱신, 삭제)할 때 쓰인다.

07. CREATE UNIQUE INDEX 학생_인덱스 ON 학생(학과 ASC);

08. 포함 관계

09. data[i] = data[j]

10. 강도(Stress) 테스트

11. 1

12. a⟨b

13. 파일럿 사용성 테스트

14. 4, 33, 1

15. 0 7 4 1

16. 클래스 자신을 지칭하는 데 사용되며, 메소드 내부에서 self를 통해 클래스의 변수나 다른 메소드에 접근할 수 있다.

17. SMTP

18. UX

19. 회피, Avoidance

20. 직접(Direct) 주소 지정 방식

- 정렬 프로그램에는 스왑 공식이 반드시 나온다.
- C = A
  A = B
  B = C이므로
- A는 data[i], B는 data[j]이다.

```c
int main( ) {
    int a, b, max, min;
    scanf("%d %d", &a, &b);
    #① 대소 비교를 통해 큰 값이 max에 저장
    if( a<b ) {
        max=b; min=a;
    } else {
        max=a; min=b;
    }
    printf("%d, %d의 차이값은 %d입니다.", max, min, max-min);
}
```

```c
int main( ) {
    int a=10, b=5;
    #① 우선순위가 같은 경우 우측 방향 연산
    printf("%d, ", a / b * 2);
    #② 단항 연산이 이항 연산보다 우선
    printf("%d, ", ++a * 3);
    #③ 비교연산 후에 논리연산(&&) 진행
    printf("%d, ", a>b && a != 5);
}
```

```
public class Main {
    public static int[ ] makeArray(int n) {
        #② 4칸의 정수 배열 생성 후 반복문으로 순회
        int[ ] t = new int[n];
        for(int i = 0; i < n; i++) {
            #③ 반복용 변수(i)에 7을 곱한값 중 1의 자리(%10) 할당
            # t[0] = (0*7)%10 → 0
            # t[1] = (1*7)%10 → 7
            # t[2] = (2*7)%10 → 14
            # t[3] = (3*7)%10 → 21
            t[i] = (i*7)%10;
        }
        return t;
    }
    public static void main(String[ ] atgs) {
        #① 인수 4를 이용하여 makeArray 메소드 호출
        int[ ] a = makeArray(4);
        for(int i = 0; i < a.length; i++)
            System.out.print(a[i] + " ");
    }
}
```

01. ㄱ : 처리 능력(Throughput)

    ㄴ : 사용 가능도(Availability)

02. 테이블의 데이터를 조회하고 조작(삽입, 갱신, 삭제)할 때 쓰인다.

03. INSERT INTO 학생(학번, 성명, 과목) VALUES('1234', '길동', '정보처리');

04. 80

05. 1

06. *(p+i)

07. ㄱ : 유일성

    ㄴ : 최소성

08. 자바의 한 클래스 내에 이미 사용하려는 이름과 같은 이름을 가진 메소드가 있더라도 매개변수의 개수 또는 타입이 다르면 같은 이름을 사용해서 메소드를 정의할 수 있다.

09. 이행적 함수 종속

10. 들여쓰기

11. Mok Object

12. 확장 관계

13. Ring

14. 파이프-필터 패턴, Pipe-filter Pattern

15. 예방, 회피, 발견, 회복

16. 정규화가 전혀 진행되지 않은 상태

17. 화이트박스(White Box) 테스트

18. 블랙박스는 요구사항 명세서를 기반으로 구현된 기능을 테스트 케이스로 설계하는 방법으로, 소프트웨어 인터페이스에서 실행되며 기능 테스트라고도 한다.

19. HTTP

20. 맥락적 인터뷰

```
int main( ) {
    int a=2, r=3, total=a, n=2;
    for(int i=0; i<3; i++) {
        #① 같은 값(r)을 누승(*=)하여 누적(+=) → 등비수열
        a*=r;
        #② total의 초기값(2)을 고려하여 패턴 파악
        #  2 + 2*3 + (2*3)*3 + ((2*3)*3)*3
        total+=a;
    }
    printf("%d", total);
}
```

```
int main( )
{
    char a, b;
    #① *pa는 a와 같은 데이터 공간 핸들
    #② *pb는 b와 같은 데이터 공간 핸들
    char *pa=&a, *pb=&b;
    #③ 서로 같은 공간의 크기(sizeof)를 비교하므로 true(1)
    int res = sizeof(a)+sizeof(b)==sizeof(*pa)+sizeof(*pb);
    printf("%d",res);
    return 0;
}
```

```
int main( ) {
    int a[5]= {1, 2, 3, 4, 5};
    #① 배열명은 주소상수이므로 &를 붙일 필요가 없음
    #  *p는 a와 같은 데이터 공간 핸들
    int *p=a;
    for(int i=0; i<5; i++)
        #② a[i]는 *(a+i)와 같고, *p는 a와 같으므로 *(p+i)도 같은 공간을 핸들
        printf("%d ",*(p+i));
    return 0;
}
```

01. ㄱ-ㄹ-ㄴ-ㄷ

02. ÷

03. Model, View, Controller

04. CREATE VIEW 3학년연락처(학번, 이름, 전화번호) AS SELECT 학번, 성명, 연락처 FROM 학생 WHERE 학년=3;

05. i == num

06. 5

07. 8

08. ISO/IEC 20000

09. 다치 종속

10. 부모 클래스로부터 상속받은 메소드를 자식 클래스에서 재정의하는 것이다.

11. 대체키, Alternate Key

12. 커널, Kernel

13. Database

14. __init__

15. File Transfer Protocol

16. 데이터의 중복 및 종속성으로 인한 이상(Anomaly) 현상의 제거

17. 단위 테스트, Unit Test

18. 동치(동등) 분할 검사, Equivalence Partitioning Testing

19. DFD

20. IDE

```
int main( )
{
    int num, i;
    for (num = 2; num <= 100; num++) {
        #① 소수판별을 위해  1과 자기자신(num)을 제외한 수 중에서
        for (i = 2; i < num; i++) {
            #② 약수가 존재하는지 확인 → 반복종료
            if (num % i == 0) break;
        }
        #③ break(약수)를 만나지 않았을 경우  i가  num과 같아진다.
        #   따라서,  i와  num이 같다면 약수가 없다  →  소수 발견  →  출력
        if (i == num) printf("%d ", num);
    }
    printf("\n");
    return 0;
}
```

	..[0]	..[1]	..[2]
ar[0]	1	2	3
ar[1]	4	5	6

```
int main( ) {
    #① 차원 구분 없이 초기화 될  경우 순서대로 (왼쪽위에서 오른쪽 아래로) 할당
    int ar[2][3]= {1, 2, 3, 4, 5, 6};
    printf("%d", ar[1][1]);
    return 0;
}
```

	..[0]	..[1]
ar[0]	*(p+0) → 1	*(p+1) → 2
ar[1]	*(p+2) → 3	*(p+3) → 4
ar[2]	*(p+4) → 5	*(p+5) → 6
ar[3]	*(p+6) → 7	*(p+7) → 8

07번 해설

```
int main( ) {
    int ar[4][2]= {1, 2, 3, 4, 5, 6, 7, 8};
    int *p = ar;
    #① 배열 데이터는 연속적으로 나열되어 있으므로 포인터 연산을 통해 순차접근 가능
    printf("%d", *(p+7));
    return 0;
}
```

15번 해설 FTP : File Transfer Protocol, 인터넷 환경에서 파일을 업로드/다운로드 할 수 있도록 하는 프로토콜로 익명으로 이용 가능하며 파일 타입에 따라 전송 모드를 다르게 설정한다.

19번 해설 DFD : Data Flow Diagram, 기능에 의한 데이터의 흐름을 도형으로 표현한 도표로 제어의 흐름이 아닌 데이터의 흐름에 중심을 두고 있으며 작업 소요시간은 파악 불가능하다. 프로세스, 자료 흐름, 자료 저장소, 단말로 구성된다.

20번 해설 IDE : Integrated Development Environment(통합 개발 환경), 프로그램 개발에 가장 많이 사용되는 도구로서 코드의 작성 및 편집, 디버깅 등과 같은 다양한 기능이 있다.

01. SELECT JUNO FROM WORKS WHERE PNO IN (1, 2, 3);

02. 제한된 검증, 수학적 기법, 자동화 기능

03. 23

04. 역공학, Reverse Engineering

05. 피어 투 피어 패턴, Peer-to-peer Pattern

06. 리팩토링, Refactoring

07. 200

08. 트랜잭션의 연산은 모두 실행되거나 모두 실행되지 않아야 한다.

09. 21

10. DD

11. num % i == 0

12. 0

13. 개체 무결성

14. super(name)

15. 통합 데이터, Integrated Data

16. chmod

17. ㄱ : 문서화 관리

ㄴ : 자원 관리

18. 입력 조건의 경계에서 오류가 발생할 확률이 높다는 점을 이용하여 입력 조건의 경계값을 테스트 케이스로 설계하는 테스트 기법이다.

19. 60 <= val <= 80

20. 데이터링크 계층, Data Link Layer

이름이 홍길동이 아닌 튜플들의 MATH 점수의 합계를 구한다.

10번 해설 DD : Data Dictionary(자료 사전), 자료 흐름도에 사용된 데이터의 이름과 속성을 표기한 자료 (메타 데이터)로 모든 데이터를 규칙에 맞게 정리한다.

11번 해설

```
int main( )
{
    int num, i;
    for (num = 2; num <= 100; num++) {
        #① 소수 판별을 위한 약수 판단 범위는
        #    2부터 자신(num)까지
        #    2부터 자신의 절반(num/2)까지
        #    2부터 자신의 제곱근(int(srqt(num)))까지 중  하나를 사용
        for (i = 2; i <= num/2; i++) {\
            #② 어떤 범위를 써도 약수를 판단하는 조건식은 변하지 않는다.
            if (num % i == 0) break;
        }
        if (i > num/2) printf("%d ", num);
    }
    printf("\n");
    return 0;
}
```

12번 해설 2차원 배열의 초기화 역시 남은 공간을 0으로 채운다.

	..[0]	..[1]
ar[0]	1	2
ar[1]	3	4
ar[2]	0	0
ar[3]	0	0

〈super(name)〉

```
class Person {
    String name;
    #③ 매개변수(name)를 통해 넘겨받은 GilDong을
    #   클래스(this)의 name으로 할당
    public Person(String name) {
        this.name = name;
    }
}
class Student extends Person {
    String dept;
    #② 매개변수(name)를 통해 넘겨받은 GilDong을 할당할 곳(name)이
    #   상위 클래스에 있으므로 상위 클래스(super) 생성자로 전달
    public Student(String name) {
        super(name);
    }
}
public class Main {
    public static void main(String[ ] args) {
        #① GilDong을 인수로 Student 인수 생성
        Student s = new Student("GilDong");
        System.out.print(s.name);
    }
}
```

19번 해설 파이썬은 변수에 대해 범위 비교가 가능하다.

기출문제 정답 및 해설

01. 21

02. Stack

03. DNS

04. VDW

05. 제1정규형, 1NF

06. 외래키

07. 데이터링크 계층(Data Link Layer)

08. ㄱ : 화이트박스
    ㄴ : 블랙박스

09. WAF

10. ㄱ : 명령어(명령줄)
    ㄴ : 그래픽
    ㄷ : 웹(웹 기반)

11. ②-①-③-⑤-④

12. 28

13. ㄱ : AVG
    ㄴ : COUNT

14. 〈class 'int'〉
    〈class 'str'〉

15. 12 10

16. 2

17. 75

18. 15 15

19. 1 1

20. 119

03번 해설   DNS : Domain Name Service. 문자열로 구성된 도메인 네임을 숫자로 된 IP주소로 변환해 주는 서비스로 도메인 네임은 고유해야 하며 공백 없이 문자 및 숫자를 이용해 구성된다.

04번 해설   VDW : Virtual Data Warehouse(가상 데이터 웨어하우스)

09번 해설   WAF : Web Application Firewall(웹 애플리케이션 방화벽)

12번 해설
- 최소 : 30대 전부 35세 미만인 경우, 40대 인원(11)만 해당=11명
- 최대 : 30대 전부 35세 이상인 경우, 40대 인원(11)+30대 인원(6)=17명

15번 해설

```c
int main(){
    int a=10, b=12;
    a ^= b;   #10(1010)과 12(1100)를 XOR 연산 = 6(0110)
    b ^= a;   #12(1100)와 6(0110)을 XOR 연산 = 10(1010)
    a ^= b;   #6(0110)과 10(1010)을 XOR 연산 = 12(1100)
    printf("%d %d", a, b);
    return 0;
}
```

16번 해설
num/2 : 5
i=2; i<=num/2; i++ : 2,3,4,5
i%2 == 0 : i값이 짝수인 경우

17번 해설
i=1; i<10; i=i+2 : 1,3,5,7,9
r += num*i : 1*3+3*3+5*3+7*3+9*3

18번 해설
i=1; i<=num; i++ : 1,2,3, … 28,29,30
if(i%2==0) even++ : i가 짝수인 경우 even 증가
else odd++ : 아닌 경우(홀수인 경우) odd 증가

19번 해설
해당 코드의 삼항 연산자와 if문은 같은 의미를 가지고 있으므로 a와 b는 같은 결과가 나와야 한다.

20번 해설
if(sum>100) break : sum이 100을 넘어가면 종료
sum += ++a : a를 1증가한 뒤 sum에 누적

a	sum	a	sum	a	sum
1	1	6	21	11	66
2	3	7	28	12	78
3	6	8	36	13	91
4	10	9	45	14	105
5	15	10	55		

01. 관계 해석(Relational Calculus)

02. WEP, DES

03. IN

04. 4

05. HTTPS

06. Dependency Inversion

07. 생성자 오버로딩

08. 8

09. 4

10. 인수 테스트

11. ㄱ : 회복(Recovery)

    ㄴ : 성능(Performance)

    ㄷ : 회귀(Regression)

12. ∀

13. culture is the way we live

14. EIGRP

15. 4

16. ㄱ : arr[i] > *max

    ㄴ : arr[i] < *min

17. 오류 : class Dog

    정정 : class Dog extends Animal

18. 결정자

19. POP3

20. Clean Code

03번 해설

- 서브 쿼리의 예상 수행 결과가 여러 행일 경우 다중 행 비교 연산자를 사용한다.
- 건축학과 학생들의 동아리 정보를 조회한 결과와 하나라도 일치하면 같은 동아리이므로 조회 대상에 포함시킨다.

04번 해설

```
WHERE 과목 = '컴활' OR 과목 IN('파이썬', '컴활');
```

- 과목이 '컴활'이거나, 과목이 '파이썬'과 '컴활' 중 하나인 것을 찾는다.
- '컴활'이 두 조건식에 모두 맞지만 2번 카운트되지 않는다는 점에 주의해야 한다.

07번 해설 생성자 오버로딩은 클래스의 매개 변수가 다른 여러 생성자를 가질 수 있도록 하는 Java의 기능이다. 클래스에 여러 생성자가 있는 경우 각 생성자는 서로 다른 수 또는 유형의 매개 변수를 가질 수 있으므로 객체가 서로 다른 초기 상태로 생성될 수 있다.

08번 해설
- 위 코드의 출력 결과는 1 1 2 3 5 8 13 21 34 55이다. 전체 출력값 중 6번째를 묻고 있으므로 반복문 이전에 출력되는 값을 무시하면 잘못된 답을 낼 수 있으니 주의해야 한다.
- num = a + b; a = b; b = num;은 자주 나오는 피보나치 수열 공식으로 앞의 두 수를 더하여 새로운 수열을 생성한다.

09번 해설
- 서브넷은 32bit에서, 주어진 주소의 서브넷 마스크(24bit)를 제외한 영역(8bit)을 이용하여 구성된다. 각 서브넷마다 네트워크 주소와 브로드캐스트 주소가 추가되어야 하므로 32개의 호스트가 필요하다면, 34개의 주소가 필요하다.
- 하지만, 서브넷은 2의 제곱수 단위로만 분할 가능하므로 $32(2^5)$ 다음은 $64(2^6)$, 즉 64개의 IP 주소를 가지는 6bit 단위의 서브넷으로 구성되어야 한다. 결국, 우리가 사용 가능한 8bit에서 호스트 구성에 필요한 6bit를 빼고 남은 2bit가 서브넷 구성에 사용되므로 $2bit=2^2=4$이다.

13번 해설 인덱싱과 슬라이싱에 사용되는 위치값은 0부터 시작한다.

15번 해설 st_len 함수의 while문은 문자 위치마다 'd'를 포함한 이전 순서의 문자(a, b, c, d)인 경우 cnt 값을 증가시키며, 문자열의 종료문자('\0')를 발견하면 반복을 종료한다. 따라서, standard에서 a, b, c, d 중 하나의 문자가 몇 개 포함되어 있는지가 답이 된다.

16번 해설 최대값을 판단할 때는 최대값으로 지정된 값보다 비교값이 큰 경우, 최대값 변수에 비교값을 할당한다. 반대로, 최소값을 판단할 때는 최소값으로 지정된 값보다 비교값이 작은 경우, 최소값 변수에 비교값을 할당한다. findMinMax 함수 지역에서 main 함수 지역의 max, min 변수에 접근하기 위해서는 포인터 변수와 포인터 연산이 필요하다. 이때 함수 호출의 인수에서는 &을, 매개변수에서는 *을 사용한다는 점에 주의해야 한다.

17번 해설 Dog 클래스의 인스턴스에서 eat( )을 호출하는 것뿐 아니라 super( )를 호출하기 위해서는 Animal 클래스를 상속받아야 하므로 클래스 선언부에 상속을 위한 키워드를 삽입해야 한다.

01. this

02. PROJECT, π

03. Builder

04. Some animal sound
Bark

05. 192.168.1.130

06. 경계값 분석(Boundary Value Analysis)

07. ㄱ : INTO
ㄴ : VALUES

08. 외래키(Foreign Key)

09. [0, 6, 2, 1]

10. DPI(Deep Packet Inspection)

11. Git

12. ㄱ : Atomicity
ㄴ : Isolation

13. Array 3[3]: 49

14. grade + 0.5

15. CL(Capability List)

16. FIFO(First In First Out)
알고리즘이 가장 간단하지만, 평균 반환 시간이 길다.

17. ㄴ, ㄹ

18. NOT IN

19. static

20. 28

01번 해설 빈칸의 오른쪽 코드의 형태를 보면, 메소드 호출의 형태라는 것을 알 수 있다. 인스턴스 변수에 직접 할당하는 코드를, 자신의 생성자를 다시 호출하여 값을 할당하는 구조로 변경한 것이다. this는 자기자신을 의미하며, this( )는 자신의 생성자 메소드를 호출하는 것이다.

02번 해설 릴레이션에서 지정된 속성만을 추출하는 연산이다.

04번 해설 하위 객체는 상위 클래스(Animal) 타입으로 업캐스팅 된 상태에서도 하위 클래스에 오버라이딩 된 메소드가 존재한다면 자신의 클래스에 속한 메소드를 수행한다. 그러나 하위 메소드에서 직접 상위(super) 메소드를 호출하게 되면 상위 메소드가 수행된다. 따라서 Some animal sound이 먼저 출력되고 Bark가 출력된다.

05번 해설
- 4는 2^2이므로 4개의 서브넷을 생성하기 위해선 2bit가 필요하다. 이 2bit를 기존의 서브넷 마스크 24bit에 더하여 새로운 서브넷 마스크 26bit를 생성한다.
- 따라서, 32bit의 IP 주소 중, 좌측의 26bit는 네트워크 주소, 우측의 6bit는 호스트 주소를 의미하게 된다. 주어진 IP 주소인 192.168.1.0을 포함하여 총 6bit(2^6=64) 만큼씩의 IP 주소 범위가 각 서브넷의 범위이다. 서브넷을 표현할 때는 서브넷 마스크도 10진수 형태로 함께 표현한다.
- 서브넷의 처음과 마지막 주소는 각각 네트워크 주소와 브로드캐스트 주소로 사용되어지므로 실제로 사용할 수 있는 호스트는 6bit 범위에서 2를 뺀 62개이다.

```
서브넷 1 : 192.168.1.0/26 ~ 192.168.1.63/26
사용 범위 : 192.168.1.1/26 ~ 192.168.1.62/26
서브넷 2 : 192.168.1.64/26 ~ 192.168.1.127/26
사용 범위 : 192.168.1.65/26 ~ 192.168.1.126/26
서브넷 3 : 192.168.1.128/26 ~ 192.168.1.191/26
사용 범위 : 192.168.1.129/26 ~ 192.168.1.190/26
```

06번 해설 경계값 분석(Boundary Value Analysis)이란, 오류가 나거나 프로그램의 수행 결과가 달라지는 경계에 있는 값들을 위주로 테스트하는 것이다.

08번 해설 외래키는 기본키를 참조하지만, 외래키 자체는 키의 속성(유일성)을 만족하지 않을 수도 있다.

09번 해설
- lambda x: x − 2 : 넘겨받은 인수를 x에 저장한 뒤, 2를 빼서 반환하는 람다 함수이다.
- list(map(lambda x: x− 2, list1)) : 람다 함수에 list1 요소를 하나하나 전달하여 결과를 리스트 형태로 저장한다.
- print(list2) : 리스트가 출력될 때는 대괄호로 감싸서 출력한다.

13번 해설 서로 다른 배열 요소들의 연산에서, 같은 인덱스(i)를 사용한다는 것은 같은 위치의 값을 연산하겠다는 뜻이다. 따라서, array3[i] = array1[i] * array2[i]는 같은 위치에 있는 두 배열의 요소들의 곱을 같은 위치의 array3에 할당하겠다는 뜻이다. if문을 통해, array1 요소의 값이 짝수면 곱, 홀수면 합을 계산한다. Array 3[3]은 41이므로 같은 위치에 있는 8을 더하여 결과는 49가 된다.

14번 해설 실수 데이터를 정수로 반올림하기 위해서는 0.5를 더하고, 정수형으로 형 변환을 해주면 된다. 위의 식에서는 연산된 결과를 정수형 변수에 할당하고 있으므로, 별도의 형 변환 연산자를 붙일 필요가 없다.

18번 해설 언어가 English가 아닌 레코드를 검색하기 위한 방법은 language◇'English' 연산자를 사용하거나, NOT IN('English')를 사용하면 된다. 제시된 SQL문에서 조건절에 괄호가 있으므로 NOT IN을 사용하는 것이 맞다.

19번 해설 인스턴스를 생성하지 않고 다른 클래스의 메소드를 호출하기 위해서는 해당 메소드가 정적 메소드여야 한다.

20번 해설 1부터 50까지의 정수 중, 가장 큰 4와 7의 공배수를 구하는 코드이다.

01. F, H

02. 형상 관리 도구

03. NAT

04. ㄱ : num $<$ pivot
ㄴ : num $>$ pivot

05. 1110

06. COMMIT, ROLLBACK

07. π, σ

08. TCP

09. 32

10. 172.16.0.127

11. ㄱ : 점유와 대기(Hold and Wait)
ㄴ : 비선점(No Preemption)

12. ㄱ : 0
ㄴ : 22
ㄷ : 10

13. a–b–d–e–f–h
a–b–c–d–e–f–g

14. SELECT 선수명, 팀명, 연봉 FROM PLAYER ORDER BY 팀명 DESC, 연봉 ASC;

15. 10–21–32–43–

16. ㄱ : DML 컴파일러
ㄴ : DDL 컴파일러

17. 5

18. Time Sharing

19. ID별 데이터(Row)가 3개 초과인 데이터

20.

(정확히 2줄이 보여야 정답으로 인정)

01번 해설 Fan-in은 해당 모듈로 들어오는 라인의 수를 파악하면 된다. 이미지에 화살표가 나타나 있지 않지만, 일반적으로 제어의 방향은 위에서 아래로 흐르므로 아래쪽 방향으로 화살표가 이어져 있다고 판단하고 문제를 풀면 된다.

04번 해설 퀵 정렬은 임의의 기준 값(pivot)을 기준으로 작은 값을 왼쪽, 큰 값을 오른쪽으로 분류하는 정렬 방식이다. 따라서 lesser_arr에는 pivot보다 작은 값이 추가되고, greater_arr에는 pivot보다 큰 값이 추가될 수 있도록 조건식을 지정해야 한다.

05번 해설

```c
#include <stdio.h>

void fa(int n, int *arr, int *idx){
    // n이 0이 되면 종료
    if(n==0) return;
    // n을 2로 나눈 값의 나머지를 배열에 차례로 할당
    arr[*idx] = n%2;
    *idx += 1;
    // n을 2로 나눈 값의 몫을 재귀 호출
    fa(n/2, arr, idx);
}

int main() {
    int n=14;
    int arr[32];
    int idx = 0;

    fa(n, arr, &idx);
    // 배열 요소를 역순으로 출력
    for(int i=idx-1; i>=0; i--)
        printf("%d", arr[i]);
    return 0;
}
```

06번 해설
- COMMIT : 트랜잭션 결과 반영(확정)
- ROLLBACK : 트랜잭션 작업 취소
- CHECKPOINT : 트랜잭션 복귀 지점 설정

07번 해설 나머지는 관계 해석 연산자이다.

09번 해설 헤더 구조를 묻는 문제지만 주소 체계를 공부했다면 IPv4의 주소 형식이 32bit인 것을 파악하기 어렵지 않다. bit 단위가 아닌 다른 단위로 답을 적으면 오답 처리된다.

10번 해설

- 32bit의 IP 주소 중, 좌측의 16bit는 네트워크 주소, 우측의 16bit는 호스트 주소를 의미한다. 지금 문제는 서브넷의 개수가 아닌 호스트의 개수가 서브넷팅의 기준이므로, 호스트의 개수를 기준으로 계산한다.
- 서브넷팅은 2의 제곱수 단위로만 분할이 가능하다. 100보다 크고 가장 근접한 2의 제곱수는 2^7인 128이므로 서브넷 마다 7bit가 필요하다. 따라서, 16bit의 호스트 주소 중 7bit를 제외한 9bit는 서브넷을 식별하는 데 사용할 수 있다.
- 주어진 IP 주소인 172.16.0.0을 포함하여 총 7bit(2^7=128)가지만큼씩의 IP 주소 범위가 각 서브넷의 범위이다. 문제에서는 브로드캐스트 주소를 원하고 있으므로 첫 번째 서브넷 범위의 마지막 주소가 답이 된다.

12번 해설

SJF는 비선점형 스케줄링으로 실행 도중에 중단이 불가능하다. 가장 먼저 A가 도착하므로 대기 없이(0) 24초를 수행한다. A가 끝나기 전에 B, C가 모두 도착하므로 둘 중 실행 시간이 짧은 C를 먼저 수행한다. C는 14초 늦게 도착했으므로 24-14=10초의 대기 시간을 가진다. B는 A와 C를 모두 수행(24+8=32)한 뒤 수행되며, 10초 늦게 도착했으므로 32-10=22초의 대기 시간을 가진다.

13번 해설

분기 커버리지는 결정문(마름모 도형)의 진출 경로를 한 번씩 거쳐야 하는 커버리지이다. 따라서 b-d, b-c, f-g, f-h를 모두 포함하는 케이스를 제시하면 정답으로 인정된다.

15번 해설

enumerate(ar) 는 ar의 각 요소의 앞에 인덱스를 더해 한 쌍의 튜플로 만든다.
[(0, 10), (1, 20), (2, 30), (3, 40)]
end="-"는 출력 끝에 줄 바꿈 대신 하이픈을 추가해준다.

17번 해설

같은 우선순위를 가지는 연산의 경우 단항, 곱 연산이 우선된다.
b&1 = 2&1 = 0010&0001 = 0
a|0|c = 4|0|1 = 0100|0000|0001 = 5

19번 해설

ID를 그룹화 한다는 것과 그룹별 조건을 의미하는 문구가 포함되어야 정답으로 인정한다.

01. HDLC 프레임

02. CHECK (Age)=18)

03.

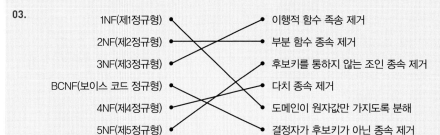

1NF(제1정규형)	이행적 함수 족송 제거
2NF(제2정규형)	부분 함수 종속 제거
3NF(제3정규형)	후보키를 통하지 않는 조인 종속 제거
BCNF(보이스 코드 정규형)	다치 종속 제거
4NF(제4정규형)	도메인이 원자값만 가지도록 분해
5NF(제5정규형)	결정자가 후보키가 아닌 종속 제거

04. B

05. int, float, str, list, dict

06. a, m, i 또는 a, i, m

07. Garbage Collector

08. 3, 100, 3

09. DROP, TRUNCATE, ALTER

10.
```
 1    2    3    4
12   13   14    5
11   16   15    6
10    9    8    7
```

11. 단위 테스트 – 통합 테스트 – 시스템 테스트 – 인수 테스트

12. Stop and Wait ARQ

13. Isolation

14. 7 1

15. SELECT DISTINCT 학과명, 담당교수 FROM 학생 WHERE 학점 >= 3.5;

16. ㄱ : 프레임
    ㄴ : 패킷 또는 데이터그램
    ㄷ : 세그먼트

17. 10

18. 4

19. 전송 계층(Transport Layer)

20. iaddmon

우선순위 공식의 결과가 가장 큰 값부터 수행된다.

(대기 시간 + 실행 시간) / 실행 시간

05번 해설
- int : 36
- float : 20.5
- str : "apple", "banana", "cherry", "name", "John", "age"
- list : ["apple", "banana", "cherry"]
- dict : {"name" : "John", "age" : 36}

06번 해설 선택 정렬은 첫 요소부터 시작하여 나머지 요소들 중 가장 작은 값과 바꿔가며 정렬하는 방식이다. 문제의 코드는 swap 메소드를 통해 첫 요소와 작은 요소를 바꾸고 있으므로 배열과 첫 요소의 위치, 작은 요소의 위치 값을 인수로 전달하면 된다. 인수 전달 시, 2~3번째 인수는 서로 교환하는 것이기 때문에 전달 순서가 서로 바뀌어도 같은 연산이 수행된다.

10번 해설
```c
#include <stdio.h>
int main() {
    int arr[4][4];
    int n = 1;
    int row_start = 0;
    int row_end = 3;
    int col_start = 0;
    int col_end = 3;
    // 배열의 크기를 벗어나지 않는 동안 반복
    while (row_start <= row_end && col_start <= col_end) {
        // 왼쪽에서 시작하여 오른쪽으로 진행
        for (int i = col_start; i <= col_end; i++)
            arr[row_start][i] = n++;
        row_start++; // 아래로 이동
        // 위쪽에서 시작하여 아래쪽으로 진행
        for (int i = row_start; i <= row_end; i++)
            arr[i][col_end] = n++;
        col_end--; // 왼쪽으로 이동
        // 오른쪽에서 시작하여 왼쪽으로 진행
        for (int i = col_end; i >= col_start; i--)
            arr[row_end][i] = n++;
        row_end--; // 위쪽으로 이동
        // 아래에서 시작하여 위쪽으로 진행
        for (int i = row_end; i >= row_start; i--)
            arr[i][col_start] = n++;
        col_start++; // 오른쪽으로 이동
    }
```

```
        for (int i = 0; i < 4; i++) {
            for (int j = 0; j < 4; j++) {
                printf("%3d", arr[i][j]);
            }
            printf("\n");
        }
        return 0;
    }
```

14번 해설 a를 b로 나누는 과정을 표현한 것으로 몫과 나머지를 출력하는 코드이다.

```
#include <stdio.h>
int main() {
    int a=50, b=7, c=0;
    while(a>=b){ // a가 b보다 작아지면 종료
        a-=b; // a에서 b를 빼는 것을 반복
        c++;  // 몇 번 뺐는지 체크(몫)
    }
    printf("%d %d", c, a);
    return 0;
}
```

17번 해설 'a'-'a' = 0
'b'-'a' = 1
'c'-'a' = 2
'd'-'a' = 3
'e'-'a' = 4

20번 해설 a[(i+3)%7] : 해당 위치(i)에서 3칸 오른쪽 요소. 배열 개수(7)를 넘어갈 경우 다시 첫 요소부터 순환하는 수식

01. new Parent

02. 240

03. 개체 무결성(Entity Integrity)

04. 다치 종속

05. 5

06. ㄱ : 화이트박스

ㄴ : 블랙박스

07. size−1−i

08. ㄱ : 3

ㄴ : 5

09. Attribute

10. distinct

11. SYN, ACK

12. KOREA

EA

K

E

M

13. ARQ

14. {'홍콩', '한국', '중국', '베트남', '태국'}

15. a=10

16. ㄱ : 128

ㄴ : 0

ㄷ : 멀티

17. 80

18. S/MIME

19. static

20. 4, 5

01번 해설 Child 인스턴스를 생성할 경우엔 오버라이딩에 의해 "Child"가 출력된다.

02번 해설 이 코드는 100행 5열의 배열에 1부터 1씩 증가하여 순차적으로 할당하는 코드이다. 인덱스가 짝수인 경우 오른쪽으로 진행되며, 인덱스가 홀수인 경우 왼쪽으로 진행된다.

0 : 1 2 3 4 5
1 : 10 9 8 7 6
2 : 11 12 13 14 15
3 : 20 19 18 17 16

...

패턴을 보면 홀수 인덱스마다 10씩 증가하는 것을 알 수 있으므로, 1~47까지 총 24번 10씩 증가한다.

05번 해설

```c
#include <stdio.h>
int fa(int n){
    // 매개변수가 0이면 종료
    if(n==0) return 0;
    if(n%2==1) // 매개변수가 홀수면 n 빼기
        return -n + fa(n-1);
    return n + fa(n-1); // 매개변수가 짝수면 n 더하기
}
int main(){
    printf("%d", fa(10)); // 10-9+8-7+6-5+4-3+2-1 = 5
    return 0;
}
```

(오름차순의 경우) 버블 정렬은 인접한 두 요소의 값을 비교하여 교환하는 방식으로, 정렬 사이클을 반복할수록 우측 끝부터 정렬이 되는 방식이다. 따라서 시작 위치는 고정(0)되고, 종료 위치가 반복하는 만큼(i) 줄어든다.

08번 해설

```java
public class Main{
    public static void main(String[ ] args) {
        int[ ][ ] arry = new int[3][5];
        // 3만큼 바깥쪽 for문이 반복되고
        for(int i=0; i<3; i++){
            // 5만큼 안쪽 for문이 반복된다.
            for(int j=0; j<5; j++){
                arry[i][j] = j * 3 + (i + 1);
                System.out.print(arry[i][j] + " ");
            }
            System.out.println( );
        }
    }
}
```

```c
#include <stdio.h>
void main( ) {
    //p에는 KOREA의 첫 데이터 위치(K)가 저장됨
    char *p = "KOREA";
    //첫 요소부터 문자열(%s) 출력
    printf("%s\n", p);
    //첫 요소에서 3번 건너뛴 요소부터 문자열(%s) 출력
    printf("%s\n", p+3);
    //첫 단어 한 글자(%c) 출력
    printf("%c\n", *p);
    //첫 요소에서 3번 건너뛴 요소부터 한 글자(%c) 출력
    printf("%c\n", *(p+3));
    //첫 단어의 다음 다음 문자(+2) 한 글자(%c) 출력
    printf("%c\n", *p+2);
}
```

```python
# 집합 자료형은 중복값을 무시
asia = {'한국', '중국', '일본'}
#① 한국, 중국, 일본, 베트남
asia.add('베트남')
#② 한국, 중국, 일본, 베트남(중국은 중복이므로 무시)
asia.add('중국')
#③ 한국, 중국, 베트남
asia.remove('일본')
#④ 한국, 중국, 베트남, 홍콩, 태국
# 리스트 요소를 각각 add(한국은 중복이므로 무시)
asia.update(['홍콩', '한국', '태국'])
#⑤ 집합 자료형은 순서가 없으므로 요소들의 순서는 달라도 된다.
print(asia)
```

```
class A{
    int a;
    //④ 상위 클래스의 변수 a에 10 할당
    public A(int n) {
        a = n;
    }
    //⑥ 변수 a값 출력
    public void print( ) {
        System.out.println("a="+a);
    }
}
class B extends A{
    //② 객체 생성 시 생성자 호출(public은 생략 가능)
    public B(int n) {
        //③ 상위 클래스 생성자 호출
        super(n);
        //⑤ 상위 클래스 print 메소드 호출
        super.print( );
    }
}
public class Main {
    public static void main(String[ ] args) {
        //① B 클래스의 인스턴스 생성
        B obj = new B(10);
    }
}
```

• 차수 : 열의 개수
• 기수 : 행의 개수

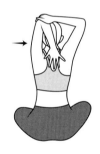

무리하지말고 틈틈이 쉬어가면서!

자격증은 이기적!

자격증은 이기적!

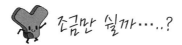 조금만 쉴까….?

• 틀린그림찾기 • 할로윈 유령들이 놀고 있는 10가지의 틀린 곳을 찾아 보세요!